16	3	2	13
5	10	11	8
9	6	7	12
4	15	14	1

Bertolt Brecht

SOBRE A PROFISSÃO
DO ATOR

Organização
Werner Hecht

Tradução, introdução e notas
Laura Brauer e Pedro Mantovani

editora■34

EDITORA 34

Editora 34 Ltda.
Rua Hungria, 592 Jardim Europa CEP 01455-000
São Paulo - SP Brasil Tel/Fax (11) 3811-6777 www.editora34.com.br

Copyright © Editora 34 Ltda. (edição brasileira), 2022
© Bertolt-Brecht-Erben / Suhrkamp Verlag, 1961
All rights reserved and controlled through Suhrkamp Verlag Berlin

A FOTOCÓPIA DE QUALQUER FOLHA DESTE LIVRO É ILEGAL E CONFIGURA UMA
APROPRIAÇÃO INDEVIDA DOS DIREITOS INTELECTUAIS E PATRIMONIAIS DO AUTOR.

Imagem da capa:
Bertolt Brecht e Regine Lutz ensaiando O jarro quebrado,
de Heinrich von Kleist, para o Berliner Ensemble em 1952
© *Ruth Berlau/akg-images/Album/Fotoarena*

Capa, projeto gráfico e editoração eletrônica:
Franciosi & Malta Produção Gráfica

Revisão:
Milton Ohata, Beatriz de Freitas Moreira

1ª Edição - 2022

CIP - Brasil. Catalogação-na-Fonte
(Sindicato Nacional dos Editores de Livros, RJ, Brasil)

Brecht, Bertolt, 1898-1956
B43s   Sobre a profissão do ator / Bertolt Brecht;
organização de Werner Hecht; tradução, introdução
e notas de Laura Brauer e Pedro Mantovani
— São Paulo: Editora 34, 2022 (1ª Edição).
288 p.

Tradução de: Über den Beruf des Schauspielers

ISBN 978-65-5525-110-4

      1. Teatro alemão. 2. Preparação do ator.
3. Teoria do teatro. I. Hecht, Werner. II. Brauer,
Laura. III. Mantovani, Pedro. IV. Título.

CDD - 792.02

SOBRE A PROFISSÃO DO ATOR

Nota do organizador, *Werner Hecht* 9

Introdução, *Laura Brauer e Pedro Mantovani* 11

A ARTE DO ATOR

A profissão 31
Sobre o que é digno de nota e de observação 32
[A arte do ator] 35
Estudo do papel 39
[A construção da figura] 44
A relação do ator com seu público 53
A segunda batida 55
[Sobre o *Gestus*] 57
O treinamento atlético 58
Indicações para os atores 59
[Experiências] 62
A mudança 65
Postura do diretor de ensaios
    (no processo indutivo) 70
Vale a pena falar sobre o teatro amador? 73
Algo sobre o ator proletário 78
A cena de rua 81
Breve descrição de uma nova técnica de atuação
    que produz um efeito de estranhamento 95
De uma carta para um ator 103
[Novo tipo de passionalidade] 108
O ator da nova era 111
[Sobre a formação dos atores] 113
Propostas para a formação de atores 116
O ensino da nova geração de atores 118

[Observação e imitação]... 120
Sobre a imitação.. 121
[Sobre a profissão do ator] 123
Regras elementares para atores 125
Tendências gerais que o ator deveria combater.......... 127
Se você quiser dominar algo difícil,
     torne-o fácil para si mesmo............................... 128
Controle do "temperamento cênico"
     e limpeza da fala teatral.................................... 129
Recepção do tom... 131
Detalhe e aceleração.. 133
Busca rápida pelo efeito mínimo 134
Arranjo básico... 135
[Dificuldades na representação
     de comportamentos contraditórios] 136
[Conselhos para os atores] 137
[Dificuldades dos pequenos papéis] 138
O géstico 139
Sobre o *Gestus* 141
Discurso do dramaturgista
     [sobre a distribuição dos papéis]....................... 143
Iluminação clara, uniforme 145
Representação do novo 147
O que os nossos atores estão realmente fazendo? 149
O que podemos aprender, entre outras coisas,
     com o teatro de Stanislávski.............................. 156
O *Pequeno organon* e o sistema de Stanislávski 159

DESCRIÇÃO DO TRABALHO DOS ATORES

Diálogo sobre atuação.. 165
Acerca da questão do critério
     para julgar a atuação 170
Descrição da primeira representação de *A mãe* 177

Um velho chapéu... 182
Diferenças no modo de atuar 185
Diálogo sobre uma atriz do teatro épico.................... 188
Descida de Weigel à glória............................... 194
A pedra começa a falar..................................... 198
A embriaguez de Puntila.................................... 203
A concepção básica de Giehse
    [em *Vassa Geleznova*]............................. 205
A morte... 207
O minueto desobediente.................................... 209
A concepção básica de Giehse
    [em *Pele de castor* e *Galo vermelho*].................. 211
Sobre *A mãe*.. 214

EXERCÍCIOS PARA ATORES

Exercícios para escolas de teatro 221
Cenas para a prática dos atores. Cenas paralelas........ 224
Entrecenas.. 242
O certame entre Homero e Hesíodo......................... 255

APÊNDICE

Descrição do trabalho dos atores — Imagens............. 265

Sobre o autor 281
Sobre o organizador.. 284
Sobre os tradutores 285

Nota do organizador

Werner Hecht

O livro *Sobre a profissão do ator* foi pensado para leitores que se interessam por atuação: atores obterão estímulos e sugestões práticas para o seu trabalho, espectadores conhecerão critérios para o trabalho teatral. O livro foi concebido tendo em vista o maior valor de uso possível. As ideias de Brecht sobre atuação formam a base teórica, suas descrições de atores mostram com exemplos a brilhante utilização das teses e os exercícios para atores são um convite à experimentação.

O ator como dialético prático

Laura Brauer e Pedro Mantovani

> "Minhas regras", dizia, "só podem ser utilizadas por pessoas possuidoras de pensamento livre, espírito de contradição e imaginação social, que se mantêm em contato com a parte progressista do público, e, desse modo, são elas próprias seres humanos progressistas, alertas, pensantes."
>
> Fala do dramaturgista sobre o augsburguense,
> *A compra do latão*

A seleção de escritos de Bertolt Brecht organizada por Werner Hecht sob o título *Sobre a profissão do ator* foi publicada pela primeira vez em alemão em 1970.[1] Só agora, mais de cinquenta anos após o seu lançamento, é que o leitor brasileiro terá a possibilidade de entrar em contato com esses relevantes textos de Brecht acerca do trabalho do ator no teatro épico, a maior parte deles ainda inédita em português. Se o Golpe de 1964 não tivesse vencido no Brasil, esses textos provavelmente já fariam parte, há muito tempo, do repertório dos (ainda poucos) interessados em realizar um teatro épico na periferia do capitalismo.

O primeiro mérito desta coletânea é o seu alto poder de desmistificação. Ela nos fornece elementos para uma crítica materialista dos critérios burgueses de julgamento do trabalho do ator, amplamente naturalizados, e evidenciam um caminho extremamente fértil para a realização de uma práxis teatral que assume o ponto de vista dos trabalhadores. Além

---

[1] Bertolt Brecht, *Über den Beruf des Schauspielers*, organização de Werner Hecht, Frankfurt, Suhrkamp, 1970.

disso, evidencia a falsidade do preconceito, bastante difundido, de que Brecht não teria se dedicado à teoria e à prática
relacionadas ao trabalho do ator.

Uma das razões pelas quais esse preconceito persiste já
foi anunciada anteriormente: a prevalência dos critérios burgueses acima mencionados, tomados como verdades absolu-
tas e a-históricas. Eles são um grande obstáculo para a compreensão das propostas de Brecht a respeito do tema e, consequentemente, uma das maiores barreiras para que o ator
possa se apropriar conscientemente do teatro épico. Para que
se tenha uma ideia de como a ideologia da classe dominante
está arraigada: até mesmo um grande ator como Peter Lorre,
que participou de alguns dos mais avançados experimentos
brechtianos da República de Weimar e depois não se envol-
veu mais com o teatro épico,[2] afirmou que Brecht era negligente com o trabalho dos intérpretes. Brecht escreve a respeito da questão em seu diário de trabalho, na entrada de 11 de
julho de 1943, em um momento no qual sua elaboração teórica a respeito do trabalho do ator, baseada em suas experiências pregressas, já estava em um estágio bastante avançado:

> À noite conversei com Lorre sobre os efeitos-
> -e. Ele acha que muitas vezes descuidei do trabalho
> propriamente técnico dos atores nas encenações (ele
> menciona a encenação de *A mãe* em Berlim), exce-
> to quando já o dominavam de uma forma ou de
> outra, e recomenda que eu deveria ao menos men-
> cionar como pré-requisito essa maturidade do tra-
> balho técnico. É certo, eu me contentava em empre-
> gar diletantes ao lado de artistas para demonstrar
> a aplicabilidade geral dos novos princípios. De fato,
> o estar em cena, a projeção do texto sobre a ribalta

_____

[2] Apesar de Lorre ter deixado os experimentos épicos para trás, podemos ver suas marcas em todo o seu trabalho realizado no cinema.

e tudo o mais pode ser ensinado para as camadas médias e baixas. Contudo, quero que o interessante no ator esteja fundamentado no seu interesse pelos fenômenos sociais com os quais ele se ocupa ao representar.[3]

O leitor desta seleção de textos inédita no Brasil constatará que Brecht não só se ocupou da questão do ator desde o início de seu trabalho teatral, como desenvolveu, desde muito cedo, textos sobre o tema que procuravam servir como modelo, isto é, se propunham a orientar outros trabalhadores da cena no sentido de transformar sua arte num sentido socialista. No ocaso da República de Weimar, em um momento candente da luta de classes, pouco antes da resistível ascensão nazista e da destruição de todas as organizações dos trabalhadores em solo alemão, Brecht já se ocupava do combate aos preconceitos burgueses a respeito da atuação e estabelecia parâmetros épicos para a arte do ator a partir da mais avançada experimentação com o novo teatro, pautado pela luta revolucionária dos trabalhadores. É o que podemos constatar, por exemplo, em seu texto de 1931 que busca estabelecer critérios de julgamento para a atuação épica. O ensaio, que em grande medida prefigura os livros modelo escritos na extinta República Democrática Alemã (1949-1990) e talvez seja uma de suas primeiras tentativas nesse sentido, evidencia, entre outras coisas da maior importância, a necessidade de consolidar as conquistas obtidas no campo da prática teatral no plano teórico — neste caso, Brecht socializa as descobertas feitas no experimento com a encenação de *Homem é homem* do mesmo ano.[4]

---

[3] Bertolt Brecht, *Große kommentierte Berliner und Frankfurter Ausgabe*, vol. 27, Frankfurt, Suhrkamp, 1995, p. 157.

[4] Esta coleção de textos também contribuirá sem dúvida para a eliminação da ideia de que Brecht era um teórico de gabinete, descolado da

Grande parte dos textos aqui apresentados foi redigida por Brecht durante seu exílio escandinavo, quando foi obrigado a fugir da Alemanha em função da chegada dos nazistas ao poder (que, depois disso, sepultaram uma das mais importantes experiências de teatro revolucionário — desenvolvido para um contexto de ascenso contrarrevolucionário — da história). Foram escritos quando o dramaturgo alemão, que corria risco permanente de ser deportado a qualquer momento para a Alemanha nazista por conta de suas atividades marxistas, estava em contato com gente de teatro vinculada ao movimento dos trabalhadores estadunidense e europeu, interessada no teatro brechtiano, mas com pouca ou nenhuma compreensão a respeito de como colocá-lo em prática. A encenação de 1935 de *A mãe* pelo Theater Union norte-americano, que dramatizou a peça, é um bom exemplo das dificuldades de realizar o "teatro da era científica" distante do contexto no qual ele foi originado e onde os valores teatrais burgueses prevalecem, inclusive no interior da esquerda teatral.[5] Enfim, Brecht os escreveu sabendo que teria de enfrentar tanto os inimigos de sempre, à direita, quanto aqueles supostamente à esquerda, infensos à revolução, que fetichizavam as ideias de Stanislávski e as usavam contra o teatro épico. Estamos falando aqui sobretudo dos stalinistas, que impuseram o realismo socialista como a doutrina artística oficial do campo comunista para atacar e eliminar toda a arte revo-

---

prática. Nada mais distante disso: Brecht era um teórico dialético e as reflexões brechtianas sobre o teatro estão sempre vinculadas a uma prática artística coletiva; costumam ou traduzir ao plano do conceito os resultados conquistados na experimentação cênica, ou responder a problemas colocados pelas dificuldades de compreender e realizar teatro épico em um determinado contexto histórico. Brecht elabora essa série de reflexões em duas grandes sínteses, que superam dialeticamente os escritos anteriores: *A compra do latão* e o *Pequeno organon para o teatro*.

[5] A respeito, ver Stephen Parker, *Bertolt Brecht: A Literary Life*, Londres, Bloomsbury, 2014.

lucionária que pudesse ameaçar suas alianças com a burguesia mundial e, no campo do teatro, criaram o stanislavskianismo e a oposição a-histórica entre Stanislávski e Brecht, que perdura até nossos dias e ainda gera muita confusão.[6] Nesse contexto, enxergando a necessidade ainda mais premente de elevar as experiências do teatro épico ao plano do conceito para salvaguardá-las — preservá-las do desaparecimento iminente — e socializá-las, Brecht passa a tomar uma série de medidas, sendo uma delas a elaboração de inúmeros textos teórico-práticos, incluindo exercícios e experimentos para serem desenvolvidos na sala de ensaio, a respeito da concretização cênica de suas propostas épicas, sugestões que sobreviveram à prova do tempo e se mostram da maior atualidade.[7] No caso das propostas para o ator, algumas de-

---

[6] Ainda hoje essa oposição continua pautando muitos debates sobre os rumos do teatro de esquerda, até mesmo entre nós brasileiros. Brecht nunca aderiu a essa oposição. Ocupou-se de Stanislávski em grande medida em função da sua hegemonia no campo da esquerda teatral e reconheceu sua importância histórica, como um momento fundamental do teatro que foi superado, em sentido dialético, pelo teatro épico. Quando Brecht ataca Stanislávski nos seus textos dos anos 1930, refere-se sobretudo ao uso dogmático de seu trabalho promovido pelos epígonos e inimigos da dialética. O próprio Brecht, quando retorna à Alemanha Oriental e se vê obrigado a enfrentar a seita stanislavskiana que havia ali se formado para impedir o avanço do teatro épico, mostra que os praticantes do novo teatro, em determinados contextos regressivos que exigem recuos artísticos, podem servir-se dialeticamente de elementos do trabalho do mestre russo de maneira extremamente produtiva.

[7] Existem inúmeros exemplos do uso da teoria teatral de Brecht para a realização de um teatro útil para a luta de classes do proletariado nos dias que correm. Um que não podemos deixar de mencionar, em função da sua enorme importância no teatro brasileiro, pouco reconhecida pela crítica dominante, é aquele feito pela Companhia do Latão, que a utiliza para dar forma crítica à experiência brasileira tendo em vista a "ativação simbólica da luta de classes", nas palavras do próprio grupo. Não bastassem os inúmeros exemplos que não poderemos citar no curto espaço desta introdução, comprovamos a atualidade dos exercícios brechtianos rea-

las não publicadas em vida, podemos destacar as notas que apresentam um método dialético de estudo da peça e do papel, bem como os exercícios cênicos para escolas de teatro, as cenas paralelas e as entrecenas, mais tarde incorporadas em *A compra do latão*. Escritos durante e depois do contato de Brecht com os amadores suecos e do curso ministrado por Helene Weigel na escola de teatro de Naima Wifstrand (conhecida no Brasil pelos filmes que fez com Ingmar Bergman), foram pensados para que atores amadores e profissionais, mesmo aqueles impregnados pelo velho teatro, pudessem compreender na prática o que estava em jogo na cena épica. Por exemplo: o que significa atuar em função de uma fábula, o que, em termos brechtianos, quer dizer representar com o propósito de criticar um determinado acontecimento de modo que isso seja útil para a luta dos trabalhadores em um determinado contexto. Deste mesmo período, os praticantes de teatro ocupados com a elaboração de uma cena crítica ao capitalismo e suas consequências destrutivas encontrarão um excelente arsenal de exercícios práticos no ensaio "Breve descrição de uma nova técnica de atuação que produz um efeito de estranhamento". Nesta primeira grande síntese a respeito

---

lizando-os em aulas de aproximação ao teatro épico e em experimentos teatrais voltados para a criação de uma cena útil na luta de classes. Aliando o estudo sistemático das propostas teóricas de Brecht à experiência adquirida em aulas em Berlim com Carmen Maja-Antoni, atriz do Berliner Ensemble que assumiu diversos papéis de Helene Weigel após sua morte, experimentamos os exercícios em sala de ensaio e vimos o seu poder de politização, de tornar clara a relação entre forma e interesse de classe, e de abrir caminhos para que o ator encontre uma forma de representar que explicite contradições e relações sociais alienadas. O trabalho com os exercícios também revelou que os atores habituados às práticas do teatro burguês convencional tinham, no geral, mais dificuldade de entender e utilizar os exercícios do que não atores com alguma consciência de classe. Os atores procuravam mais uma técnica para ampliar o seu repertório, enquanto os amadores mencionados entendiam que o que estava em jogo era um método de construção de um ponto de vista de classe sobre o representado.

do tema, provavelmente escrita em 1940, vão se deparar não só com uma explicação precisa a respeito do que é o estranhamento na atuação, como também com muitos recursos para experimentar a dialética na prática: a memorização das primeiras impressões, a fixação do não-mas, a transposição para a primeira pessoa, a transposição para o passado, fala de rubricas e comentários em voz alta, entre outros exercícios que contribuem para que o ator, se guiado por um ponto de vista crítico (de classe), possa narrar acontecimentos da luta de classes. E não podemos deixar de ressaltar também a importância dos textos a respeito do teatro feito por proletários amadores, que demonstra não só a extrema relevância do teatro proletário não profissional, sempre desqualificado pelos defensores do teatro dominante que pretendem afirmar-se como os únicos capazes de fazer arte, como também a sua superioridade frente ao teatro burguês, na medida em que possui o "alfa e o ômega da atuação proletária", a simplicidade, absolutamente necessária para a representação da realidade como transformável.

Nesta edição de *Sobre a profissão do ator* outra parte considerável de textos foi elaborada quando Brecht retornou do exílio, após a derrota militar do nazismo, para uma Alemanha devastada e dividida entre as potências vencedoras — na partilha do pós-guerra entre as potências aliadas, a presença de Brecht foi vetada na zona de ocupação norte-americana e ele acabou por se fixar na zona de ocupação soviética, governada pelos stalinistas. São trabalhos redigidos quando Brecht conseguiu estabelecer a duras penas o seu famoso teatro, o Berliner Ensemble,[8] em meio a uma luta con-

---

[8] O Berliner Ensemble existe até hoje, mas há décadas deixou para trás o programa de teatro dialético proposto por Brecht. Atualmente, é um dos importantes teatros de Berlim patrocinados pelo Estado alemão. A respeito, cf. David Barnett, *A History of the Berliner Ensemble*, Nova York/Cambridge, Cambridge University Press, 2015.

tra as autoridades stalinistas do país que reconheciam a importância cultural do dramaturgo alemão e sua companhia e, ao mesmo tempo, procuravam submetê-lo à doutrina do realismo socialista — em poucas palavras, drama na dramaturgia e stanislavskianismo na cena. Nessa metade alemã stalinizada e assombrada pelo nazismo, Brecht realiza seus últimos experimentos épicos, tendo agora à sua disposição um teatro e um *ensemble* com o qual podia finalmente desenvolver aspectos de sua prática cênica antes inviabilizados por sua situação precária no exílio. Procurou então tomar providências para, dentre outras coisas, assegurar a continuidade do trabalho épico até mesmo depois de sua morte. Mencionamos aqui algumas dessas providências vinculadas ao livro que o leitor tem em mãos: a) realizou uma crítica às escolas de teatro do regime, que conservavam o ensino da velha forma de atuar afirmando-a como própria para uma sociedade comunista, e propôs mudanças para modificá-lo; b) mostrou a falsidade da oposição entre o trabalho de Stanislávski e o seu trabalho (acusado de formalismo), na teoria e na prática — tinha esse propósito a encenação da peça *Katzgraben* (1953) de Erwin Stritmatter, na qual Brecht refuncionalizou o realismo socialista oficial e usou a identificação para provocar estranhamento; c) elaborou livros complementares ao *Pequeno organon para o teatro*, que evidenciam a relação dialética entre teoria e prática brechtianas e oferecem meios para a compreensão e utilização do método brechtiano de configuração artística e política no teatro. Os grandes trabalhos nesse sentido são *Trabalho teatral* (1952),[9] sobre as experiências realizadas no Berliner Ensemble, que também se tornou um espaço de formação de atores épicos;[10] e os livros modelo,

---

[9] Berliner Ensemble, *Theaterarbeit*, Dresden, VVV Dresdner Verlag, 1952.

[10] Brecht formou o seu grupo reunindo velhos aliados, familiarizados com o teatro épico, e novos talentos. Os mais jovens eram formados

cada um deles realizado a partir de uma encenação exemplar realizada por Brecht após o seu retorno à Europa. Esses livros, cujo objetivo é de difícil compreensão para aqueles que pensam com conceitos burgueses como os de originalidade e expressão pessoal, foram construídos por meio de princípio similar aos da dramaturgia e prática cênicas brechtianas para garantir a reprodutibilidade da experiência do teatro épico. Brecht não pretendia que outros trabalhadores do teatro copiassem servilmente as encenações ali apresentadas. Ele elaborou um gênero de livro que visa difundir seu trabalho, protegê-lo de malversações e promover a produtividade, ou seja, para que seja possível aprender a arte de copiar para elaborar um experimento épico novo, cujo processo não está baseado em "atos esporádicos e anárquicos de criação", mas sim em "processos cujas mudanças procedem por passos ou saltos",[11] adequados às condições da luta de classes na qual os trabalhadores do teatro estejam atuando.

Dos textos sobre o ator escritos neste período, merece destaque a descrição do trabalho dos atores extraídas do *Trabalho teatral* e dos livros modelo. Ao longo de sua trajetória Brecht retomou e redimensionou o gênero *descrição do tra-*

---

participando dos projetos do Ensemble, lidando com encenações que visavam tratar de um determinado assunto da luta de classes, da perspectiva do proletariado revolucionário, em função das condições de temperatura e pressão das questões práticas em um determinado contexto. Não aprendiam algo como um "estilo épico de atuação", válido para qualquer momento histórico. Aprendiam a redimensionar seus conhecimentos prévios e a desenvolver novos meios cênicos para atender às necessidades de representação de uma determinada fábula que foi escolhida por conta da sua pertinência em uma determinada situação econômica, social e política. Até onde pudemos perceber, Brecht se viu em uma situação na qual possuía melhores condições materiais para a realização de seu trabalho, mas enfrentava condições sociais e políticas muito difíceis que impediam uma maior coletivização do trabalho de encenação.

[11] Bertolt Brecht, *Antigonemodell*, Berlim, Gebrüder Weiss, 1949, p. 7.

balho dos atores, proscrito pela burguesia teatral afeita ao ilusionismo e defensora da ideia de que a qualidade do trabalho do ator está relacionada a uma expressão individual de caráter inimitável, e o elevou ao padrão técnico do seu tempo.[12] Como os livros acima mencionados, são descrições exemplares, acerca de um tipo de trabalho de atuação voltado não para o exibicionismo da virtuosidade do intérprete, mas de representações de relações sociais alienadas que podem ser imitadas por outros atores. Brecht sugere que o intérprete, ao invés de tomar como ponto de partida da criação os seus próprios preconceitos a respeito de si mesmo e da realidade, parta de um modelo de representação da realidade de alto nível que pode ser modificado na medida em que o ator oferece uma representação do papel e das relações sociais com maior potencial crítico e mais adequada ao contexto de luta no qual a peça será apresentada.

Para aqueles que não quiserem se aproximar de modo meramente formalista das propostas para o ator expostas neste livro, será preciso estudar o seu sentido no interior do projeto épico de Brecht. Realizar a leitura seguindo a organização tripartite proposta por Werner Hecht certamente contribuirá para isso e é uma boa maneira de começar a perceber o modo como se processa na sala de ensaio a dialética brechtiana entre teoria e prática. Na sequência, o interessado fará bem em ler as demais reflexões de Brecht acerca do teatro, especialmente suas grandes sínteses teóricas, *Pequeno organon para o teatro* e *A compra do latão*. Essas leituras certamente lhe darão mais condições de entender as propostas brechtianas para a prática como instrumentos para o de-

---

[12] Dois exemplos disso, que não fazem parte do trabalho de Brecht na República Democrática Alemã, são os textos "Um velho chapéu" e "Descida de Weigel à glória" (reproduzidos nesta edição às pp. 182-4 e 194-7, respectivamente).

senvolvimento dos meios de produção teatrais voltados para a emancipação dos trabalhadores de todo o mundo.

A título de introdução, para resumir a crítica que Brecht faz ao trabalho alienado do ator e sintetizar em poucas palavras qual o papel do intérprete no teatro épico, poderíamos dizer o seguinte: Brecht propõe uma transformação radical no trabalho do ator. Essa mudança tem a ver com sua compreensão acerca do que o teatro se tornou em nossa sociedade e as providências necessárias para modificá-lo em um sentido socialista. O dramaturgo alemão não nutre nenhuma ilusão a respeito do que é o teatro no capitalismo. Ele é mais um aparato produtor de mercadorias entre outros,[13] no qual trabalhadores (dramaturgos, diretores, atores, cenógrafos, iluminadores, técnicos) são explorados e cujo objetivo é gerar lucro. A mercadoria ali fabricada é da ordem dos narcóticos. É uma vivência entorpecente que aplaca, ao menos momentaneamente, o sofrimento provocado pela sociedade que tem como objetivo a autovalorização do valor. O consumo frequente da mercadoria gera efeitos colaterais nocivos em função da matéria-prima utilizada: imagens distorcidas da realidade. Elas aumentam a confusão do freguês acerca do que se passa no mundo e reforçam, assim, a dominação.

Para produzir esse tipo de mercadoria, o proprietário privado do aparato teatral recorre a diversos tipos de trabalhadores. Dentre eles, o ator é um dos mais importantes. Para ser empregado, ele precisa ser um trabalhador qualificado, capaz de usar imagens distorcidas da realidade como um trampolim para a produção de estupefacientes. Deve possuir um temperamento forte, bem como a habilidade de se metamorfosear completamente numa personagem que se assemelha a um indivíduo autônomo e ser capaz de levar o público

---

[13] A respeito do confronto de Brecht com a forma mercadoria, ver José Antonio Pasta Jr., *Trabalho de Brecht*, São Paulo, Editora 34, 2010, 2ª edição.

a se identificar com ele. Nesse processo, esquece dos seus interesses de classe para se identificar com uma personagem que corresponde à imagem do homem burguês e, com isso, levar outros trabalhadores a estabelecer uma relação empática com um papel moldado nos termos da classe que os oprime. Além disso, deve transformar o trabalhador sentado na plateia em um consumidor, em "um vadio e explorador". O ator é peça-chave para que o "objeto de exploração" seja "introduzido" no público e ele se torne "vítima de in-sploração, por assim dizer".[14] O intérprete contribui para que o público internalize a exploração e se explore a si mesmo.

Para adquirir as habilidades necessárias com o objetivo de se tornar um trabalhador da cena, o candidato a ator pode recorrer a algumas instituições de ensino, públicas ou privadas, que o preparam para esse ramo do mercado. Nelas, recebe um treinamento corporal e vocal básico e passa a maior parte do seu tempo desenvolvendo meios para "ser" uma personagem. Ele não precisa estudar nem a peça nem o papel a fundo, mas sim ser capaz de se identificar com a pessoa a ser representada no menor tempo possível (*time is money*). Para isso, aprende a elaborar o papel de forma dedutiva, extraindo da peça somente o suficiente para construir uma personagem em chave ilusionista que lhe permita exibir o seu temperamento e arrebatar o público. O resultado é uma personagem estática, com características fixas, que será mais tarde colocado em relação com outras personagens estáticas.

De acordo com Brecht, o ator que aprende a entregar a mercadoria através do método dedutivo, que encarna a ideologia burguesa em cena (ele se funde com a personagem e apresenta a imagem de um ser humano que age), geralmente age como um burguês fora de cena (como qualquer trabalhador desprovido de consciência de classe). Para justificar o seu

---

[14] Bertolt Brecht, *Große kommentierte Berliner und Frankfurter Ausgabe*, vol. 21, Frankfurt, Suhrkamp, 1992, p. 476.

trabalho e elevar seu valor de troca, costuma recorrer a conceitos burgueses a respeito da arte, geralmente aprendidos em escolas de teatro, já ultrapassados pelo atual estágio do capitalismo, e se vê como um artista que expressa sua individualidade nos palcos e está a serviço da "Arte". No seu dia a dia, age em conformidade com o individualismo do seu tempo. Na sala de ensaio, encara seus colegas de trabalho como competidores e entra no vale-tudo para chamar a atenção para si. Não tem nenhum interesse naquilo que representa, sua preocupação central é quanto ganhará por isso em termos econômicos e quão reconhecido será pelo que fez, pois a fama lhe permite cobrar mais pelo seu trabalho. Também não quer saber dos problemas coletivos de sua classe, seu foco está na sua ascensão profissional e nos seus ganhos particulares, chegando até mesmo a recusar papéis que ele acha que desagradariam seu público cativo, que vai ao cinema ou ao teatro para vê-lo fazendo sempre a mesma coisa, não importa qual o papel. Em função das leis do mercado, tem medo da experimentação e defende com unhas e dentes o aparato que o explora até o bagaço.

Brecht apresenta uma alternativa ao teatro produtor de mercadorias, instrumento da classe dominante, que pode ser praticado em um momento histórico no qual a revolução está em refluxo: o teatro épico. Este novo teatro pode ser realizado tanto dentro como fora do aparato teatral, com amadores e profissionais da cena, juntos ou separados, e foi forjado para ser mais uma ferramenta, entre outras, de organização dos trabalhadores na luta de classes. Para que o teatro possa alcançar o seu novo propósito, Brecht propõe a sua refuncionalização. Isso passa, antes de mais nada, pela tomada do aparato teatral pelos trabalhadores, que somente assim conquistam as condições para viabilizar a modificação da cena de acordo com os seus interesses. Mas isso não é suficiente: uma vez de posse do aparato, não podem simplesmente recorrer aos velhos meios artísticos do teatro burguês. Para realizar um novo tipo de arte que procura não só representar a realidade, mas ser parte de um processo que visa transformá-la, é preciso trazer à cena os assuntos vinculados à luta de classes, temas que são questão de vida ou morte para os trabalhadores. E, para tanto, é essencial o desenvolvimento de formas inéditas que permitam a configuração dos novos temas da perspectiva dos trabalhadores interessados na superação revolucionária do teratológico estado de coisas presente. Formas que possam estabelecer uma nova relação entre palco e plateia, que supera, em sentido forte, o ritual e a empatia, e transformam o teatro em um espaço no qual os assuntos tornam-se objeto de discussão graças a um trânsito entre cena e público fundado no que Brecht definiu como estranhamento (*Verfremdung*). Que não apassiva o espectador convertendo-o em consumidor, mas estimula a sua capacidade de demolir ilusões e enxergar acontecimentos sociais como processos históricos. Estimula, portanto, a capacidade do espectador de ver a realidade social a partir do ponto de vista o mais avançado possível, o dos trabalhadores enquanto classe.

Para o desenvolvimento dessas novas formas, o dramaturgo Brecht elaborou um método dialético de configuração artística, expandindo o campo de possibilidades da dialética marxista, que abarca todos os aspectos do fazer teatral e é passível de reprodução — que em alguns dos textos aqui reunidos o dramaturgo chama de método indutivo de trabalho. Na sala de ensaio, os responsáveis pela direção do processo, que já se apropriaram do método, não só o utilizam para estabelecer a fábula a ser narrada e o norte para concretizá-la, como também labutam diligentemente para que ele seja socializado. O êxito desse processo de socialização depende de um combate contra os preconceitos burgueses dos envolvidos no trabalho, que muitas vezes persistem até mesmo naqueles que aderem à proposta épica, contra os obstáculos produzidos pela divisão social do trabalho, nem sempre completamente transponíveis, e de uma articulação bem-sucedida entre produção de consciência de classe e experimentação artística. Quanto maior o êxito da socialização, maior é a possibilidade dos envolvidos (diretores, atores, cenógrafos, iluminadores, técnicos etc.) se organizarem em um coletivo e, como consequência, maior é o teor coletivo da direção.[15] Os autores como produtores, para parafrasear Walter Benjamin de forma um pouco livre, se organizam e produzem em torno dos seus interesses.

No teatro épico, o ator passa a trabalhar em função da emancipação da classe trabalhadora, portanto, em prol dos seus próprios interesses enquanto membro dela. O cerne de seu trabalho deixa de ser a identificação completa com uma personagem para arrebatar o público. Ele não se limita mais a fundir-se em uma personagem e provocar a adesão do público ao seu ponto de vista. A imitação do papel deixa de ser o objetivo último do ator e passa a ser realizada para dar conta de uma fábula que, por sua vez, foi escolhida em função das necessidades postas pela luta de classes em um determinado contexto histórico. Que foi selecionada para colocar em debate questões do interesse de trabalhadoras e trabalhadores em função de um determinado momento da luta.

---

[15] O diretor ou a equipe de direção se engajam em um processo de socialização do método dialético de configuração artística e política brechtiano que, no limite, levaria à própria abolição da direção enquanto tal. Esta daria lugar a um coletivo voltado para o desenvolvimento de meios artísticos que possam dar conta dos assuntos da luta de classes da perspectiva dos trabalhadores. Esse é o horizonte da socialização, que geralmente não é alcançado em sua totalidade. E, dependendo das condições de temperatura e pressão da luta de classes, a divisão social do trabalho em grande medida permanece e o papel de condução do processo, que visa constituir uma cena que narra do ponto de vista da classe, fica quase toda sob a responsabilidade da direção, politizando o trabalho na sala de ensaio dentro do que as circunstâncias permitem, na esperança de que o trabalho continuado de um grupo possa levar à desejada coletivização.

Para atingir o seu objetivo, o ator não necessita de habilidades miméticas especiais, difíceis e caras de adquirir. Isso significa que a possibilidade de fazer teatro está aberta a todos, independentemente da profissão. Essas só são necessárias quando o que está em jogo é a fusão entre ator e personagem para arrebatar a plateia. No teatro épico, o fundamental para o ator é sua capacidade de mostrar o seu papel e os acontecimentos desde uma perspectiva social. Ele só consegue produzir o estranhamento, só pode apresentar os fenômenos sociais e suas causas históricas, quando aprende a mostrar os assuntos da perspectiva da classe trabalhadora. Isso não quer dizer que o ator abandona o uso da identificação, mas deixa de usar a identificação completa[16] (que nunca é absoluta, a não ser em casos patológicos), na qual aquele que representa é obrigado a assumir o ponto de vista da personagem. Ele recorre a um tipo de identificação parcial, unida de forma contraditória a um comentário,[17] o que lhe permite apresentar papéis e acontecimentos de um ponto de vis-

---

[16] No teatro épico não há lugar para a identificação completa, mas a identificação parcial é componente fundamental de sua cena. O teatro inimigo de toda e qualquer identificação é o teatro partidário da teologia apofática da cena, que almeja eliminar toda a representação, expulsar do palco qualquer conhecimento a respeito da realidade. A respeito da teologia apofática da cena, conferir Iná Camargo Costa, *Nem uma lágrima: teatro épico em perspectiva dialética*, São Paulo, Expressão Popular, 2012, pp. 35-48.

[17] A crítica burguesa costuma psicologizar o termo *identificação* e afirma que ela significa *projeção* ou *emoção* (Brecht costuma chamar esse tipo de identificação de *identificação completa*). Em função disso, termina por estabelecer oposições estanques entre drama e épico, ator que se identifica e ator que produz estranhamento, emoção e razão. E, como se pode perceber, termina por produzir, às vezes deliberadamente, muitos mal-entendidos a respeito do teatro brechtiano. No teatro épico, há uma dialética entre identificação e estranhamento, onde a identificação tem a ver com a descrição a mais precisa possível de um assunto, de um objeto, e o estranhamento uma crítica desse assunto ou objeto. O ator narrador mostra

ta externo, superior na medida em que permite mostrá-los como históricos e, portanto, transformáveis. No teatro épico, o ator não está limitado como no teatro ilusionista burguês e tem total liberdade para recorrer a todos os meios cênicos que estão à sua disposição, bem como a desenvolver novos, desde que saiba usá-los para produzir uma representação que permita discutir o representado da perspectiva da classe trabalhadora.

Até onde podemos ver, a publicação destes textos teóricos e práticos de Brecht a respeito do ator pode contribuir, e muito, para o avanço do teatro épico entre nós, caso ele caia nas mãos de trabalhadores da cena realmente interessados em atuar "de acordo com o princípio clássico: transforme o mundo, ele precisa disso!".[18]

---

relações sociais e figuras, isto é, as coloca em cena da forma mais precisa possível e as critica.

[18] Bertolt Brecht, *Große kommentierte Berliner und Frankfurter Ausgabe*, vol. 22, Frankfurt, Suhrkamp, 1993, p. 810.

Os títulos dos textos grafados entre colchetes foram atribuídos pelo organizador do volume, Werner Hecht.

A ARTE DO ATOR

A profissão[1]

A seguir falarei sobre sua profissão, a indústria teatral, o ofício no qual ingressou, não importa por quais motivos, espero que pelos melhores. Independentemente do que você queira realizar nesta indústria, deve saber como será empregado.

Os teatros vendem entretenimento, alguns na forma de cultura. Você será remunerado (e contratado) segundo o que render ao proprietário em dinheiro ou prestígio, que ele poderá converter em dinheiro. Nos teatros estatais serão remunerados os serviços prestados às ideias dominantes, quer dizer, às ideias dos que dominam, com o dinheiro dos impostos dos dominados. É bom que você saiba que é um empregado como qualquer outro, como alguém que é empregado para servir bebidas, mas claro que isso não é tudo. Aqueles que sabem que estão a serviço podem fazer alguma coisa contra sua servidão.

---

[1] Datilografado. Escrito provavelmente em 1944, no exílio norte--americano, período no qual Brecht se defrontou com o império praticamente absoluto da forma mercadoria. Brecht se refugiou nos Estados Unidos entre 1941 e 1947, em função da Segunda Guerra Mundial.

Sobre o que é digno de nota e de observação[2]

Geralmente, os jovens que sobem ao palco só querem gozar a vida de uma determinada forma sob o olhar do público, mostrar a força de seus sentimentos ou a elegância de seu porte, ou seja, são uma espécie de público que se tornou ativo, que não se contenta mais com simplesmente se identificar com destinos alheios desde sua poltrona, que deseja algo mais palpável. Para compreender a mentalidade dos jovens, basta olhar para o cinema de nosso tempo. As companhias escolhem como intérpretes tipos mais ou menos comuns, que representam a si mesmos, entram em cena sem nenhum disfarce, máscara ou caracterização, e se metem em situações nas quais o público também gostaria de se meter — ao menos na fantasia.

O teatro aqui se apresenta, em relação à vida real, apenas como substituto postiço, ou, no melhor dos casos, suplemento. Esse mundo de aparência é um mundo inteiramente sonhado e deixado absolutamente a critério do público e de seus desejos. Pode se parecer com qualquer coisa, pois tem

---

[2] Datilografado. Provavelmente escrito no início de 1941, no exílio na Finlândia, último momento do exílio escandinavo, que se deu em função da ascensão dos nazistas ao poder na Alemanha em 1933. Desde o início dos anos 1940, Brecht escreveu diversos textos acerca do papel desempenhado pela identificação completa na atuação; estes textos estão ligados à primeira fase de trabalho (1939-1941) de um dos seus mais importantes esforços teóricos, *A compra do latão* [*Der Messingkauf*], que permaneceu inacabado.

de se parecer com aquilo que o público quer. Tudo que nele se passa não precisa se passar assim em nenhum outro lugar. Ele é uma espécie de Cocanha[3] onde os desejos humanos podem ser extravasados e onde todas as leis observadas no mundo real deixam de vigorar. É claro que isso não significa que esse mundo de aparência não pode evocar o mundo real, ele tem até mesmo de evocar e apresentar o máximo possível de traços "reais"; o fato de que ele é só uma aparência tem de ficar escondido da forma mais cuidadosa possível. Ele tem de se parecer com um mundo de verdade, até mais verdadeiro que o de verdade, quer dizer, com o mundo de verdade tal como o sonhamos, como o mundo de verdade seria se ele fosse verdadeiro. Por isso o fantástico não é popular no cinema, a suspeita em relação ao que é encantado estraga a ilusão.

Essa maneira de fazer teatro, atualmente praticada com o maior sucesso no cinema, foi atacada algumas vezes. Foi qualificada como uma espécie de tráfico de entorpecentes,[4] e demonstrou-se que, sinal de um tempo decadente, exerce um efeito nocivo no público, suscitando ilusões sobre a vida real e sobre o verdadeiro estado de coisas. Esses protestos não prejudicaram muito essa maneira de fazer teatro. Pois de que adiantam todos esses protestos, se todos necessitamos de entorpecentes? Como estabelecer, em um tempo de decadência, critérios de um tempo de construção? De que serve difa-

---

[3] Terra da abundância. Cocanha é um país lendário, livre de leis e de opressão, no qual a abundância, a ociosidade, a juventude e a liberdade são a regra. Até onde temos notícia, a primeira descrição dessa utopia, que até hoje escandaliza os meios católicos, é o *Fabliau de Cocaigne* francês de meados do século XII.

[4] Brecht já havia se referido ao *show business* como ramo do florescente comércio internacional de entorpecentes em seu ensaio *Sobre a utilização da música no teatro épico*, de 1935.

mar um sucedâneo, como a sacarose, se o "verdadeiro", o açúcar, não está à disposição?

Se não podemos acabar com esta maneira de fazer teatro — se a despeito de todas suas carências e possíveis efeitos nocivos, temos de reconhecer que ela é em certa medida indispensável em nosso mundo, e não podemos esperar que o tipo de teatro descrito desapareça antes que esse mundo tenha mudado ou esteja prestes a mudar — também não se pode dizer que fazer teatro de outra maneira hoje seja algo impossível ou insensato.

De fato, há outra maneira. É uma maneira de fazer teatro na qual o mundo representado não é simplesmente o mundo dos sonhos, onde o mundo não é representado tal como deveria ser, senão como ele é.

Essa é a maneira realista de fazer teatro.

[A arte do ator][5]

1

Normalmente, a arte do ator não se aprende nos livros, nem a arte do espectador, que nem sequer é reconhecida como arte. Quando falamos da última nos respondem assim: "mas vocês devem ter atores muito ruins, se para vocês é uma arte se comover com eles!". Querem dizer que quanto mais arte do ator encontramos, menos arte do espectador precisamos. E se já é improvável que possamos aprender num livro como comover as pessoas, parece ainda mais difícil que aprendamos num livro como ser comovidos. O presente livrinho, no entanto, foi escrito para atores e espectadores.

2

Quando visitamos nossas escolas de teatro, vemos que pouca coisa é considerada necessária para fazer de alguém um ator. Eles ensinam um pouco de dicção clara, um pouco de ginástica, um par de expressões para determinadas emoções, maquiagem e memorização. Estudam peças antigas fazendo questão, desde o princípio, de que o aluno atue com o

---

[5] Datilografado. Provavelmente escrito em 1940, durante o exílio na Suécia, o segundo país para onde Brecht emigrou. É um esboço para a redação de um manual de atuação que Brecht nunca concluiu. O texto surge no contexto do trabalho de Helene Weigel (ver nota 149, p. 194) na escola de atuação de Naima Wifstrand, em Estocolmo (ver nota 175, p. 221).

máximo de paixão possível e "saia" da personagem o menos possível. Supõem que os talentos têm em si, inato, tudo o que as peças necessitam: a paixão (e a maneira) com que Romeu[6] ama, a paixão (e a maneira) com que Lear[7] quer ser amado, o orgulho de Hedda Gabler[8] e a ambição de Lady Macbeth.[9] Deles se espera que contagiem, por assim dizer, os espectadores, e se espera que os espectadores fiquem satisfeitos com isso.

3

A arte do ator é tão antiga e, no entanto, para além de algumas boas descrições sobre como os grandes atores interpretaram determinados papéis ou cenas,[10] praticamente só existe o não tão antigo livro do diretor russo Stanislávski, que trata da arte do ator.[11] Contém alguns exercícios e conselhos de como o ator pode encontrar um tom aparentemente verdadeiro e conservá-lo nas inúmeras apresentações de uma peça. Esse livro mostra seriedade e atribui uma posição

---

[6] Referência a uma das personagens-título da peça *Romeu e Julieta*, de William Shakespeare (1564-1616).

[7] Personagem-título da peça *Rei Lear* de Shakespeare, sobre a qual há inúmeras passagens em *A compra do latão* de Brecht.

[8] Personagem-título da peça *Hedda Gabler* de Henrik Ibsen (1828-1906).

[9] Personagem da peça *Macbeth* de Shakespeare.

[10] Brecht recomendava aos atores do Berliner Ensemble que lessem a descrição do trabalho do célebre ator inglês David Garrick com o Hamlet, feita por Georg Christian Lichtenberg em uma carta de 2 de dezembro de 1774. Ele a considerava uma das melhores descrições a respeito do trabalho do ator já realizadas.

[11] Brecht se refere aqui ao livro *Minha vida na arte*, de Konstantin Stanislávski (1863-1938), que foi publicado pela primeira vez em alemão em uma coletânea intitulada *Das Geheimnis des schauspielerischen Erfolges* [*O segredo do sucesso do ator*] em 1940.

elevada e uma grande responsabilidade à arte do ator; no entanto, ao estudá-lo em profundidade, vemos que ele contém pouco a respeito de tudo o que o ator, que sente essa responsabilidade, deve aprender e fazer para cumprir sua tarefa: a representação da convivência social entre as pessoas.

4

A ideia de que há algo que o ator tem de aprender contradiz o ponto de vista de que ele é capaz de extrair tudo de si e, como esta última ideia é a mais generalizada, precisa ser refutada primeiro. Ela tem muito a seu favor. É bem provável que em cada um de nós exista tudo o que em alguns de nós foi mais desenvolvido. Fundamentar a arte do ator nisso parece pouco arriscado. Qualquer um é capaz de vivenciar qualquer emoção, e por isso qualquer um pode "se entregar", como dizem os atores quando emoções especiais são produzidas. De fato, poderíamos nos dar por satisfeitos com essa máxima, se nos contentássemos em produzir meras emoções. Mas admitimos que o ator precisa fazer mais do que isso. Ele deve mostrar o convívio social entre as pessoas.

5

Mas ele não o mostra apenas para produzir essas emoções? Não é por isso que vamos ao teatro, para que essas emoções sejam geradas em nós? No teatro, não queremos vivenciar todos esses sentimentos, de triunfo, temor, piedade, e assim por diante, e nada mais? A resposta é: mesmo quando vocês vão ao teatro só para isso, segue sendo um fato que o ator, para provocar essas emoções em vocês, precisa mostrar o convívio social entre as pessoas.

6

Para interpretar o triunfo e contagiar o espectador com esse sentimento, o ator precisa desdobrar uma ação. Essa ação pode ser só um suporte onde ele pode pendurar seus sentimentos, um trampolim para as paixões, por assim dizer. Não obstante, essa ação fica assim à disposição. O convívio entre as pessoas foi mostrado. E para mostrá-lo é preciso mais do que aquilo que está guardado dentro de um ator, daquilo que pode ser inato. Aqui aparece o que é passível de aprendizagem.

Estudo do papel[12]

1

O mundo do autor não é o único mundo. Existem muitos autores. O ator não identificará totalmente o mundo com o mundo do autor. Ele faz uma distinção entre seu próprio mundo e aquele do poeta, e mostra a diferença. Isso diz respeito à relação do ator com a engrenagem da obra. A engrenagem da obra é o modo como os acontecimentos se sucedem, o que deve ser a causa de um efeito, o que deve ser o efeito de uma causa etc. O modo de sucessão e a ênfase revelam as visões do poeta sobre o mundo, e o ator deve contradizer essas visões.

2

Como o ator encontra os pontos de vista do autor que fundamentam a engrenagem da peça e que ele deve contradizer? Ele os encontra através da localização da contradição relevante. O ator não considera todos os pontos de vista do autor como relevantes, somente aqueles que revelam o inte-

---

[12] Datilografado. Incompleto. Provavelmente escrito em 1939, durante o exílio escandinavo (Brecht se exilou na Dinamarca, Suécia e Finlândia). Pode ter sido escrito em função das atividades realizadas com grupos de teatro amadores da Federação Sueca de Teatro Amador (ver nota 38, p. 73) ou no contexto das aulas ministradas por Helene Weigel na escola de teatro de Naima Wifstrand (ver nota 175, p. 221).

resse do autor no mundo real. O ator tem de reconhecer esses interesses na engrenagem da peça e averiguar a quais interesses dos grandes grupos eles se parecem ou servem (pois somente esses devem ser considerados relevantes), e quais, por sua vez, os contradizem. Estes últimos interesses que, como os primeiros (do autor), estão do mesmo modo a serviço de pontos de vista relevantes, o ator tem de fazê-los expressamente seus para atuar corretamente.

3

Ao se colocar desse modo, em contradição relevante com o mundo do autor, o ator ganha a possibilidade de mostrar os limites do mundo do autor, sua índole, e que podemos contradizê-lo. Ele os mostra entregando-os aos interesses do observador. Frente ao mundo do escritor, sua atitude gestual é de espanto, e é essa atitude gestual que ele também tem de transmitir ao espectador.

4

É permitido ao ator adotar a postura[13] de espanto não só diante da engrenagem da peça, mas também diante da sua figura[14] (que ele tem de interpretar), e até mesmo diante das palavras que recebeu para dizer. Com espanto ele mostra o

---

[13] Tradução para *Haltung*. Nas versões para o português, o termo geralmente é traduzido como "atitude", que enfatiza o aspecto mental do termo. Na tentativa de exprimir tanto o aspecto mental quanto o aspecto corporal contidos no termo *Haltung* (ambos fundamentais para Brecht), optamos traduzir a palavra alemã por "postura".

[14] Brecht utiliza aqui a palavra *Figur*. Ela costuma ser traduzida por "personagem". Como no âmbito teatral a palavra "personagem" é geralmente usada em sua acepção dramática, como representação de um indivíduo autônomo em chave ilusionista, obtida pelo ator através da identificação completa com a personagem, optamos pelo termo "figura". Ele parece mais adequado ao contexto do projeto brechtiano no qual a representação das figuras é parcial e está subordinada à representação de re-

que lhe foi confiado. Ele fala contradizendo a si mesmo, por assim dizer.

5

Para apresentar figuras, o ator deve ter interesses que se oponham a elas, na verdade, interesses consideráveis, isto é, que levariam à transformação dessas figuras. Ele tem de educar a figura, por assim dizer. Assim, as figuras contêm duas espécies de "eus" que se contradizem, sendo que um deles é o do ator. Ele participa da educação (transformação planejada) de suas figuras através dos espectadores. É ele que tem de levá-la adiante. Ele mesmo é um espectador, e esse espectador é a segunda figura que o ator deve esboçar. Mas antes de mais nada: como ele esboça a primeira?

6

Sua figura emerge entrando em relação com outras figuras. Na velha atuação, primeiro o ator inventava a figura para poder entrar nas relações prescritas pela peça. Deduzia os gestos e a maneira específica de dar suas falas. Extraía sua figura de uma visão global estabelecida em linhas gerais. A arte do ator épico procede de outra maneira. O ator épico não se ocupa da figura. Ele chega de mãos vazias. Na atitude mais cômoda, ele executa cada ação e diz cada fala uma depois da outra, mas cada uma como se fosse a última. Para encontrar os gestos que fundamentam as frases, ele inventa provando outras frases, mais vulgares,[15] que não contêm o respectivo sentido, mas tão somente o gesto. [...]

---

lações entre pessoas. O termo "personagem" só será empregado quando Brecht utilizar os termos *Charakter* e *Person*.

[15] Brecht elabora as cenas para a prática dos atores, presentes nesta edição, com esse propósito (entre outros).

7

Quando o ator, como a figura em questão que ele mostra, estabeleceu todas as relações que a peça permite, disse suas falas da maneira mais cômoda possível e executou todos os gestos da forma mais prazerosa possível, o mundo do autor se constitui. Agora, o ator tem de encontrar a diferença com seu próprio mundo e mostrá-la. Como ele acha a contradição relevante? Todas as peças realizam uma escolha bem determinada de relações que suas figuras estabelecem entre si. Quando as situações foram inventadas só para dar às figuras oportunidade de se mostrar, então uma escolha foi feita entre as diferentes situações possíveis. O ator não precisa necessariamente concordar com essa escolha. Se tem que representar uma situação na qual a valentia do herói é mostrada, o ator pode dar à valentia outra ênfase que não aquela desejada pelo escritor, que ele extrai da execução pontual de todos os gestos, realizados com prazer, que advêm da postura mais cômoda possível para as frases prescritas, ao inserir um pequeno traço de pantomima à margem, um habilidoso comentário gestual a uma fala dada, e retratar a crueldade do herói com seu criado. Ele pode associar a avareza à lealdade de um homem, atribuir ao egoísmo sabedoria, ao amor à liberdade um caráter limitado. Assim, indica em sua figuração a contradição de que ela precisa. Se, pelo contrário, a figura foi feita pelo autor para tornar possível um incidente, sempre haverá várias figuras que poderiam tornar crível esse incidente. Atos que poderíamos chamar de corajosos nem sempre são realizados por pessoas corajosas e, se o incidente não o exige, é cada uma das figuras que exige, para serem críveis, que possamos nos remeter a declarações ou comportamentos que não foram provocados pelo incidente. Para tornar crível um determinado incidente, suponhamos que um pobre deva realizar uma determinada ação: o incidente, contudo, não é suficiente para fazer deste pobre um pobre. Para se tornar pobre, ele deve ter feito algo mais. O quê? Ele lutou ou contra a exploração, ou, na luta concorrencial, para ser explorado. Ele se comportou solidariamente e teve de quebrar a solidariedade, esteve em diversas frentes. Assim, sua postura comporta muitas coisas que não são necessárias para que esse incidente específico seja possível, entre elas *algumas que o dificultam*. Disso decorre a contradição relevante.

Na execução de sua parte, o ator deve tomar como exemplo os técnicos descontraídos, como os motoristas precisos que manejam bem suas máquinas, engatam as marchas sem ruído e com elegância, sem que isso os impeça de mascar chiclete etc. Se o ator acha que essa maneira de atuar (normalmente utilizada na marcação, quando certos movimentos são apenas indicados e certas entonações apenas sugeridas) proporciona pouca satisfação ou não funciona, então terá descoberto simplesmente que os pensamentos que fundamentam sua atuação são muito insignificantes ou imprecisos. Nesse caso o ator pode, para compensar, se entregar a uma escalada individual, se comprometer a si mesmo para se salvar, mas jamais salvará a cena.

A entrega pessoal, o emprego do temperamento privado como sucedâneo, quase sempre põe em perigo a estrutura intelectual da cena. Ela torna compreensíveis demais os comportamentos, tornando assim impossível o espanto. É por isso que certas peças novas acabam se saindo bem quando são interpretadas por atores recalcitrantes que consideram falsas todas suas réplicas. Nas encenações de nossa época raramente conseguimos alcançar aqueles efeitos retumbantes que frequentemente surgem quando os atores estão desanimados ou cansados. [...]

[A construção da figura][16]

1. *Sobre a abordagem gradual no estudo e na construção da figura*[17]

O ator deve utilizar a imaginação com parcimônia. O ator constrói a figura progredindo frase por frase, como se devesse se certificar do que sabe a seu respeito em cada fala que ela diz, ouve ou capta, reunindo confirmações e contradições cena a cena. Ele impregna esse processo *passo a passo* na memória, para que no término de seu estudo esteja em condições de representar a figura, no seu desenvolvimento passo a passo, para o espectador. Esse passo a passo precisa ser constante não só em função das transformações pelas quais a figura passa nas situações e acontecimentos da ação, mas também em função do desvelamento da sua própria construção diante do espectador. Assim, serão asseguradas as surpresas, por vezes minúsculas, mas importantes, que a figura reserva ao espectador, que é mantido desse modo na

---

[16] O conjunto de textos a respeito da construção do papel reunidos por Werner Hecht sob o título "Construção da figura" foi datilografado provavelmente no exílio finlandês, em torno de 1941. Neles Brecht volta a se ocupar da questão relativa ao método de construção *passo a passo* da cena épica, agora com foco no trabalho do ator. Entre 1936 e 1937 já encontramos referência ao método *passo a passo* em textos como "A determinação do ponto zero", "O ponto zero" e "Notas sobre cabeças redondas e cabeças pontudas", que não fazem parte desta coletânea.

[17] Datilografado, com correções feitas à mão. Provavelmente do começo de 1941.

postura de quem reaprende descobrindo. Para permitir isso ao espectador, o ator tem de impregnar suas próprias surpresas na memória, aquelas que vivenciou durante o seu estudo na postura de quem reaprende descobrindo. Essa abordagem gradual é preferível à dedutiva, inferencial, que, partindo de uma concepção total do tipo a ser representado, estabelecida apressadamente depois de uma leitura superficial do papel, retira da obra *a posteriori*, por assim dizer, a partir do "material" que ela dispõe, justificativas e ocasiões para o desenvolvimento desse tipo. Uma boa parte desse "material" fica assim inutilizada, e a maior parte é distorcida e por isso enfraquecida. Mas, acima de tudo, essa não é uma maneira recomendável de conhecer alguém. O ator que procede assim oculta do espectador o modo como ele próprio chegou a conhecer a figura. Ao invés de se metamorfosear diante dos olhos do espectador, ele aparece diante dele já metamorfoseado, como um fato que não foi influenciado por nada e, portanto, algo que aparentemente não é influenciável: um ser humano muito geral, absoluto, abstrato. O juízo que ele permite sobre esse tipo não pode modificá-lo em nada. Mas tais juízos são inúteis e, portanto, não deveriam ser permitidos. O que geralmente é suscitado através desse método não são juízos, e sim vivências. No lugar de fornecer dados exatos e visões utilizáveis, os atores que assim procedem só deixam algo confuso na memória, "maior que a vida", o assim chamado mito. Eles oferecem um clichê, não o original, eles oferecem uma memória em vez de se tornarem uma. Geralmente nem o ator nem o "material" possuem meios suficientes para preencher tais imagens visionárias, maiores que a vida, e da impressão de grandeza pretendida nasce a impressão de teatro provinciano. Apesar disso, os atores tendem, por natureza, muito mais a este método dedutivo, principalmente porque ele lhes permite o quanto antes, se possível desde o primeiro ensaio, representar o ator tipo (aquele tipo de ator com o qual eles sonham, e desejam representar acima de tudo), muito mais do que a figura específica concreta. Quando aplicada de tal maneira, a imaginação desempenha um papel nocivo. No procedimento passo a passo ela é, no entanto, absolutamente indispensável. Isso porque ao proceder frase a frase, aquele que estuda necessita ininterruptamente da imaginação, que não para de produzir em sua mente figuras cada vez mais definidas e consistentes, quase completas, que poderiam dizer isto ou aquilo nesta ou naquela situação. Mas as frases e situações subsequentes têm de ser estudadas com o máximo de seriedade e imparcialidade por conta das construções (soluções) que a imaginação acaba elaborando de forma apressada e, por isso, provavelmente prematura, para que esses estudos possam corrigir essas construções. O ator dedutivo age mal quando define cedo demais o tipo básico; na mesma medida, o que procede indutivamente age bem quando define "traços". Todas as suas investigações deveriam almejar, com o auxílio da imaginação e do exame dos fatos, a investigação e a representação da figura completa como um ser concreto em desenvolvimento.

2. O ator que progride passo a passo pode entusiasmar?[18]

A abordagem gradual poderia ser considerada meticulosa demais. Procedendo desse modo, o ator poderia ficar preocupado em jamais chegar a "entusiasmar" o espectador. O esforço que ele faz, e que até mesmo o aconselhamos a deixar transparecer no produto final, não retiraria dele a aparência, infinitamente importante, de facilidade? Essa preocupação se assenta em uma falsa noção de "entusiasmo". Faz parte do entusiasmo a vontade de permanecer inerte daqueles que serão levados ao entusiasmo. Aquele que entusiasma de-

---

[18] Datilografado com correções à mão. Provavelmente de 1941.

pende tanto da força do seu entusiasmo quanto da força da inércia dos que serão levados ao entusiasmo. Antes de tudo, ele tem de criar essa sobriedade que sabe metamorfosear em embriaguez. A altura da elevação só é medida em relação ao solo. E quando entusiasma, aquele que entusiasma ainda tem de mostrar como ele faz isso àqueles que são entusiasmados. Porque o outro se beneficiará disso pelo menos tanto quanto de ter sido entusiasmado. Visto desde outra perspectiva, aquele que entusiasma deve dar a impressão de que é confiável, pois é a ele, justamente, que deve se entregar aquele que se abandona a si mesmo.

3. Sobre a escolha dos traços[19]

No estudo da figura a ser representada, o melhor é proceder gradualmente. Mas de acordo com quais pontos de vista, ou para quem, ou com quais propósitos devemos estudar e construir a figura?

Enquanto o ator, ao longo do seu estudo, experimenta, reduzindo o envolvimento emocional ao máximo, testando todas as declarações da figura nas mais cômodas entonações possíveis, se concentrando sobretudo na busca de gestos marcantes, ele também procura descobrir, preparado para se surpreender, os pequenos traços isolados que fazem com que a figura seja simultaneamente típica e singular. (A disposição para se surpreender é uma técnica que se aprende, uma das mais importantes para o ator. Dado que sua principal tarefa consiste em tornar certas coisas inabituais, ele tem de estar em condições de encontrar as coisas inabituais.) Atento e entretido (essas são posturas que se aprendem, não expressões, mas medidas apropriadas para a execução de um trabalho, como as posturas corporais do carpinteiro em sua bancada),

---

[19] Datilografado com correções à mão. Provavelmente de 1940.

entretido inclusive quando sua pesquisa se situa no campo do trágico, ele procura, antes de mais nada, agrupar traços contraditórios entre si. Sua tarefa é reunir todos esses traços, colocá-los em equilíbrio em uma figura singular, concreta, distinta de outras pessoas e fácil de distinguir, mas não lhe é permitido, para facilitar a unificação, descartar traços particulares claramente perceptíveis, e assim, no fundo, partir de uma concepção geral feita daquilo que, para ele, parece ser o cerne da figura. Os traços que "não são compatíveis", ou seja, os traços que entram em contradição com outros, são justamente aqueles que devem ser utilizados para a construção da sua figura. E mesmo como figura já completa, e ainda contraditória em si mesma, ele se coloca totalmente à disposição da ação; ele, por assim dizer, se deixa levar, se esforçando, apesar de tudo, para não ser deixado completamente de fora. E ele tanto refreia o curso da ação quanto a torna possível, segue vacilante, ora arrastando, ora sendo arrastado. Pois os traços singulares de seu comportamento não são apenas tomados da peça em questão, do "mundo do autor", mas o ator, de vez em quando — tirando do contexto um determinado traço do "mundo do autor", e colocando-o em outro contexto, a saber, do outro mundo, o mundo real, que o ator conhece —, confere ao traço um significado particular que não provém unicamente da peça, excedendo os seus limites. Mas de acordo com quais pontos de vista, ou para quem, ou com quais propósitos o ator que procede gradualmente seleciona os traços? Ele os seleciona de modo que seu conhecimento possibilite o manejo da figura. Portanto, do exterior, da perspectiva do mundo externo, do seu entorno, do ponto de vista da sociedade. O ator se detém sobre o que a figura faz objetivamente, sobre o que empreende e pode ser percebido pelos outros. Mas outro aspecto contraditório que a figura deve conter, sobre o qual já falamos, é a constante possibilidade de vê-la agir de outro modo, também derivada de sua situação de classe e das relações sociais (a técnica de tirar-

-do-contexto é empregada para sua obtenção), que não chega a realizar-se nesse indivíduo: o ator deve torná-la visível. Os "traços" que constituem a figura se parecem com jogadas de xadrez, não são meras expressões (reações a estímulos) de uma pessoa absolutamente independente de qualquer determinação. Onde há expressões, é preciso indicar que o entorno é a causa. Os traços têm causas sociais e consequências sociais. As figuras só se tornam manejáveis quando construídas a partir desses traços e, ao nos colocarmos subjetivamente desde o ponto de vista da figura, também poderemos mostrar, através dela, um manejo do entorno.

4. Representar a diferença pela diferença[20]

Expusemos que o ator não deveria construir a figura somente a partir do comportamento que a pessoa representada mostra na peça. Que, em nenhum caso, podemos nos limitar a prover uma figura apenas do que é necessário para o desenrolar da ação. A figura ainda deve possuir algo de concreto, único, ser provida da possibilidade de agir diferentemente dentro de determinados limites sociológicos. Ou, quando ela age assim e não de outro modo, deveria ficar claro que essa mesma ação também poderia ser realizada por outras pessoas, bem diferentes da figura que agiu daquele modo, ou seja, devemos poder dizer: isso geralmente é feito por outras pessoas bem diferentes dela. Mas o ator não deve ir longe demais nessa diferenciação da figura. A sentença "Como as pessoas são diferentes!" contém um conhecimento parcial. É necessário comunicá-la quando se nega que, para mobilizá-las para alguma coisa ou para se deixar mobilizar por elas, é preciso justamente levar em conta sua singularidade. Mas esse conhecimento parcial é proferido frequentemente como

---

[20] Datilografado. Provavelmente escrito no início de 1941.

sabedoria suprema para negar a possibilidade de previsão sobre o que quer que seja da ação humana. É justamente através do estudo de suas diferenças concretas que podemos prever alguma coisa de suas possíveis ações, e é com esse propósito de prever que essa diferença deve ser mostrada. A frase "como as pessoas são diferentes" é totalmente falsa quando colocamos a ênfase na negação de qualquer possibilidade de predição, e imaginamos que esse tipo de conhecimento possa enriquecer as pessoas. Os que colocam ênfase nisso encontram sua satisfação na multiplicidade da essência humana e em sua força ininfluenciável, sugerem que ela ainda poderia se desenvolver de formas totalmente impensáveis e, enquanto eles mesmos se comportam como se fossem totalmente impotentes frente a essa multiplicidade e fecundidade, se convencem, e a outros, de que participam dessa multiplicidade e fecundidade (sem ter contribuído em nada para isso). Diminuem o ser humano para engrandecer a humanidade. Mas essas são tolas mistificações. Pois na realidade, eles se escusam, com isso, de sua própria suscetibilidade às influências vindas de todos os lados e de sua própria impossibilidade de influir onde quer que seja, e persistem na crença do milagre que eles personificam. Como se eles não fizessem parte da humanidade!

O ator não deve comunicar, portanto, apenas esse conhecimento parcial na forma de embriaguez, mas levar a questão imediatamente à sua solução: na prática, até que ponto eles são diferentes?

5. Sobre a historicização[21]

Para quem historiciza, a pessoa tem algo de ambivalente, *não-composto-até-o-final*. Isso se manifesta em mais de

---

[21] Datilografado. Provavelmente de 1941.

uma figura: ela é como é porque existem motivos suficientes para isso em sua época mas, na medida em que ela foi formada por sua época, se desconsiderarmos esta época e a deixarmos ser formada por outra época, ela é também, ao mesmo tempo, outra. Do mesmo modo como hoje ela é assim, ontem ela teria sido diferente. Ela conseguiu o que os biólogos chamam de plasticidade. Há muito nela, o que foi desenvolvido e o que ainda pode se desenvolver. Ela já se modificou e, portanto, pode continuar se modificando. E se ela não pode mais se modificar, pelo menos não decisivamente, isso também completará sua imagem. Mas, de fato, só poderia cair nessa imutabilidade se fosse integrada a grandes unidades sociais. Portanto, convém ao ator emprestar sua voz a uma profusão de harmônicos. Sua pessoa fala como que com muitos ecos, que devem ser pensados simultaneamente, mas com conteúdos em permanente mutação.

6. *A singularidade da figura*[22]

Agora, se a pessoa a ser representada desse modo, historicizada, condicionada temporalmente e, com isso, representada como um caráter provisório, se ela der uma resposta, apenas uma em ressonância com muitas outras que não deu, mas que poderia ter dado em circunstâncias algo distintas: essa figura não seria então simplesmente um "todo mundo"?[23] Aqui alguém responde em função da conjuntura ou do pertencimento de classe. Se vivesse em outra época, ou não tivesse vivido tanto, ou vivido no lado sombrio da vida, ela

---

[22] Datilografado com correções feitas à mão. Provavelmente redigido no começo de 1941, no exílio finlandês.

[23] Brecht utiliza aqui o termo *Jedermann*, que também remete a uma figura alegórica central das moralidades medievais, que pretende representar a humanidade como um todo.

responderia sem dúvida de outro modo, porém igualmente determinado, responderia como "todo mundo" que estivesse naquela mesma situação naquela mesma época. Mas então não devemos nos perguntar se não existem ainda outras diferenças na resposta? Onde está esse ser único, o vivente, inconfundível, que não é inteiramente semelhante aos seus semelhantes (gente em semelhante situação)? Sem dúvida esse *ego* deve ser representado. Quem reage aqui não pode mostrar apenas seu eu (o ator) e seu você (o espectador), limitando-se a mostrá-los em outra situação. Sua representação como membro de uma classe e de uma época não é possível sem sua representação como ser vivo singular dentro de sua classe e de sua época. Tomemos a religiosidade de uma pessoa e imaginemos que se trata de um operário. A grande indústria acabou em larga escala com as convicções religiosas do operariado, mas o operário individual reagirá a esse tipo de questão de maneira muito distinta. Poderíamos ficar tentados a atribuir sua reação, onde ela difere da reação mais geral, a diferenças de natureza social, mas isso poderia ficar muito teórico, quer dizer, nessas circunstâncias poderiam faltar medidas sociais que pudessem modificar sua reação em direção à mais geral (de classe). Para a práxis (o manejo social) nos deparamos com algo de inamovível para nós, um amálgama que resiste a nossas ferramentas, algo que temos de arrastar em nossa representação pois constitui uma parte dessa pessoa. As vozes que se destacam em suas respostas não provirão mais dele próprio em outra situação em outra época, senão de gente diferente dele, de outros.

A relação do ator com seu público[24]

A relação do ator com seu público deve ser a mais livre e direta possível. Ele simplesmente tem alguma coisa para lhe comunicar e apresentar, e a postura de comunicar e apresentar deve estar subjacente a tudo que faz. Pouco importa se sua comunicação e apresentação têm lugar no meio do público, ou numa rua ou numa sala de estar, ou sobre o palco, essas tábuas dimensionadas e reservadas para comunicações e representações. Não importa se ele já colocou um traje especial ou se mascarou; ele pode muito bem explicar o propósito disso antes ou depois. Só não deve provocar a impressão de que existe um acordo de tempos remotos, no qual um acontecimento entre pessoas deveria se desenrolar aqui, em um momento determinado, como se ocorresse agora, sem preparativos, de maneira "natural", uma convenção de que tudo deveria se passar como se não existisse convenção. Alguém simplesmente entra em cena e mostra algo em público, *inclusive o mostrar*. Ele imitará outra pessoa, mas não de tal modo ou a tal ponto que o tomemos por ela; sem a intenção de, com isso, fazer com que o esqueçam. Sua pessoa é preservada como uma pessoa comum, com seus traços particulares que a distinguem de outras, uma pessoa que, por isso, se parece com todas aquelas que a observam. Isso precisa ser dito,

---

[24] Datilografado. Escrito provavelmente em 1939, durante o exílio escandinavo.

porque isso não é o que se costuma fazer. A postura básica do ator não costuma ser a de quem encara os espectadores antes de começar a atuar, sem disfarce, ressaltando que se dirige diretamente ao espectador em tudo o que faz. Esse olho no olho, esse "preste atenção no que aquele que eu mostro vai fazer", esse "você viu?", esse "o que *você* pensa a respeito disso", pode ser manejado com arte e despojado de tudo que é rígido, primitivo, mas deve permanecer e é a postura básica do efeito-e;[25] este não pode ser conseguido de nenhuma outra maneira.

---

[25] Efeito de estranhamento [*Verfremdungseffekt*]. É um dos conceitos centrais do trabalho de Brecht. Apareceu pela primeira vez em um ensaio redigido em 1936, *Os efeitos-e na arte chinesa do ator*.

A segunda batida[26]

O ator também precisa saber que a impressão produzida por sua atuação se manifesta em outro lugar e outro tempo, diferentes daqueles onde atua. Quando as palavras deixam seus lábios, percorrem uma distância sensível. Elas descrevem um arco e então caem no ouvido do espectador. Em nossa mente, podemos associar esse instante a um ruído: *a segunda batida.*[27] O ator tem de aguardá-la, apreciá-la e determiná-la.

Por que o ator deveria proporcionar ao espectador somente a oportunidade de uma vivência, quando pode proporcionar-lhe um conhecimento?

O ator certamente pode "dar a entender" que está triste e assim gerar tristeza, mas assim ele apenas apela à imaginação do espectador ao invés de acrescentar algo aos seus conhecimentos, o que é algo mais. Pode-se dizer que quem vivencia sentimentos amplia o conhecimento de si mesmo, mas é justamente isso que não é bom: é melhor que ele aprenda a negligenciar seus próprios sentimentos e aprenda a conhecer

---

[26] Escrito à mão. Redigido por volta de 1930, no período final da República de Weimar, quando Brecht ainda dispunha das condições materiais desenvolvidas pelo movimento dos trabalhadores alemães para a realização do seu teatro épico e ainda estava ligado a esse público proletário alemão.

[27] Brecht usa aqui o termo *Nachschlag*, proveniente da música.

os dos outros! Aliás, ele conhecerá melhor os seus próprios quando apresentá-los pura e simplesmente como se fossem de outro! É por isso que o ator deve produzir seus efeitos tecnicamente, quer dizer, permitir, por meio do que ele mostra, que sejam distinguidas coisas que não necessariamente coincidem com aquilo que simplesmente acontece na peça (em determinadas circunstâncias e com pessoas determinadas). Portanto, ele deve mostrar, de antemão, o que cada um dos que estão em cena com ele percebem da sua figura, ou seja, aqueles que não se colocam no lugar dele. Se ele quiser, por exemplo, mostrar o susto de alguém, é melhor mostrar seus esforços para dominar ou esconder o medo. Procedendo assim, o ator lida com o público ao invés de simplesmente "ser". Com isso, cada figura surge a partir do conhecimento que temos a respeito do seu comportamento em relação a outras figuras. Isso é muito importante, porque para a humanidade em qualquer agrupamento é preciso julgar o indivíduo pelo que ele mostra de si mesmo ou por aquilo que ele faz; e é preciso que o indivíduo simplesmente encare o que ele é capaz de produzir nos outros enquanto tal. Não basta ser. O caráter de uma pessoa é forjado por sua função.

A arte do ator com esse propósito se baseia mais no géstico do que na expressão. As palavras também devem virar *Gestus*.[28]

Quando você mostra: isto é assim, faça-o de tal modo que o espectador se pergunte: "Será que é assim mesmo?".

---

[28] Brecht começou a referir esta noção central de seu trabalho, que geralmente vem acompanhada do termo "social", na década de 1920, provavelmente em 1929. Durante os anos 1930, Brecht escreveu vários textos que se referem ao *Gestus* e o explicam (alguns deles publicados na sequência). Em 1931, o filósofo Walter Benjamin já afirmava que o fundamento do teatro épico é o *Gestus*. A respeito, cf. Walter Benjamin, "O que é o teatro épico", in *Ensaios sobre Brecht*, São Paulo, Boitempo, 2017.

[Sobre o *Gestus*][29]

Por *Gestus* compreendemos um complexo de gestos, de mímica e (geralmente) de declarações, feitas por uma ou mais pessoas dirigidas a uma ou mais pessoas. Uma pessoa que vende um peixe mostra o *Gestus* de vender, entre outros. Um homem que escreve seu testamento, uma mulher que seduz um homem, um policial que espanca um homem, um homem que paga o salário de outros dez: em tudo isso há *Gestus* social. Segundo essa definição, a súplica de um homem rogando ao seu Deus só se torna um *Gestus* quando ele a realiza tendo em vista outras pessoas, ou em um contexto no qual emergem relações entre pessoas (o rei rezando em *Hamlet*).[30]

Um *Gestus* pode ser constituído somente por palavras (ser transmitido pelo rádio); neste caso, um gestual preciso e uma mímica precisa, bem legíveis, foram inseridos nas palavras (um inclinar-se humilde, um tapinha no ombro).

Da mesma forma, gestos e mímicas (como no cinema mudo), ou apenas gestos (no teatro de sombras) podem conter palavras.

As palavras podem ser substituídas por outras palavras, os gestos podem ser substituídos por outros gestos, sem que o *Gestus* se modifique.

---

[29] Datilografado. Provavelmente escrito no início de 1940, durante o exílio na Suécia.

[30] A personagem é o rei Cláudio, do *Hamlet* de Shakespeare.

O treinamento atlético[31]

O treinamento nas artes atléticas (a dança, a esgrima, e luta também) é sem dúvida importante para o ator, visto que seu corpo precisa estar disponível. No entanto, é ainda mais importante para ele aprender a comunicar o *Gestus* para o corpo inteiro e, para tanto, um treinamento sensorial é requerido. Treinar o corpo como um instrumento não está livre de perigos, ele não pode ser só o objeto, ele também deve ser o sujeito da arte. Bons exercícios: preparar uma bebida, acender uma lareira, comer, brincar com uma criança etc.

---

[31] Datilografado. Escrito no começo de 1940, no exílio na Suécia. Provavelmente foi redigido no contexto do curso ministrado por Helene Weigel na escola de teatro de Naima Wifstrand em Estocolmo. A respeito, ver nota 175, p. 221.

Indicações para os atores[32]

1. O *não-mas*

Em todos os momentos importantes, o ator deve, além do que faz, encontrar, formular, e tornar perceptível o que ele não faz. Ele não diz, por exemplo: "Eu te perdoo", mas: "Você vai me pagar por isso". Ele não desmaia, mas se reanima. Ele não ama seus filhos, mas os odeia. Ele não vai para o fundo, à direita, mas para a frente, à esquerda. Isso significa que o ator interpreta o que está por trás do *mas*; e ele deve interpretá-lo de tal modo que também possamos perceber o que se encontra por trás do *não*.

2. Memorização das primeiras impressões

O ator deve ler seu papel com a postura daquele que se espanta e contradiz. Antes de memorizar as palavras ele deve memorizar o que o espantou e o que contradisse. Se ele retém esses momentos em sua composição, permite também ao público o espanto e a contradição, e é isso que ele deve fazer.

---

[32] Datilografado. Provavelmente escrito em 1940, durante o exílio escandinavo. As reflexões contidas neste texto foram em grande medida desenvolvidas por Brecht em "Breve descrição de uma nova técnica de atuação que produz um efeito de estranhamento", publicado nesta edição nas pp. 95-102.

3. A invenção e enunciação de indicações de atuação

O ator deve inventar indicações e comentários a respeito do que fez e faz, e enunciá-los em voz alta durante os ensaios; ele, por exemplo, antepõe à frase que deve dizer um "eu falei isso zangado porque não tinha comido...", ou um "eu ainda não sabia nada do que estava acontecendo e por isso falei". É bom que o ator faça isso recitando o seu papel uma vez na primeira pessoa, e uma vez na terceira. Se ele imaginar, sob o *ele*, uma determinada figura da peça, um adversário, por exemplo, ele pode aprender a impor o seu modo de falar contra o comentário e as indicações de atuação. O texto em primeira pessoa seria: "eu falei para ele minha opinião verdadeira e disse", e na terceira fica: "ele se irritou e procurou algo que pudesse me machucar, e acabou falando". E aquilo que foi dito no tom daquele que falou, pode agora ser dito no tom daquele que ouviu. O decisivo para a configuração é, naturalmente, o uso da terceira pessoa, pois nela é o ator quem fala e, desse modo, a indicação e o comentário refletem a opinião do ator sobre a figura.

4. A troca de papéis

O ator deve trocar de papel com seu parceiro, ora para copiá-lo, ora para lhe mostrar o seu próprio modo de atuar.

5. Citar

Ao invés de querer dar a impressão de que improvisa, o ator mostrará, de preferência, a verdade: ele cita.

6. *A arte de escrever*

O ator deve aprendê-la. Mais precisamente, deve estar em condições de se apropriar de qualquer estilo, quer dizer, de improvisar no registro do escritor. No entanto, é conveniente que ele aprenda a redigir suas improvisações e, de preferência, antes de dizê-las.

7. *Ser agradável*

Essa é uma das principais tarefas do ator. Ele deve representar tudo com prazer, especialmente o horrível, e mostrar o prazer que tira disso. Quem não ensina divertindo e não diverte ensinando não tem nada o que fazer no teatro.

[Experiências][33]

1. Aproveitamento dos parceiros de cena

Para representar uma pessoa, o ator também necessita da atuação de seus parceiros, pois o comportamento deles frente a ele (e muitas vezes frente aos demais) diz muito sobre ele. Seu jeito de ser aparece no efeito que exerce sobre eles; dependendo de como o tratam, com educação, com desprezo ou com surpresa, sua imagem se altera e suas próprias posturas são mais bem fundamentadas. A isso corresponde exatamente o benefício que sua pessoa obtém do modo como ela própria trata os outros, fazendo-os igualmente surgir e se transformar. Essa maneira (e arte) de se criar reciprocamente é tão raramente utilizada hoje em dia pelos atores que até mesmo efeitos tão certos e naturais como a escuta com atenção, manifestações de espanto etc., caíram completamente em desuso.

2. Música

Se o (falar) musical é tão perigoso, é porque, entre outros estragos, faz com que o ator represente, assim que a cor-

---

[33] Os textos reunidos por Werner Hecht sob o título "Experiências" foram escritos separadamente por Brecht entre 1939 e 1940, durante o exílio escandinavo.

tina se levanta, como se tivesse lido a peça até o final. É claro que não devemos representar um processo como se ele tivesse sido entregue ao acaso ou ao capricho. Deve ser representado em uma curva, porque ele não é assunto privado, ele é o assunto central, e as pessoas só estão no teatro como atores e espectadores para que ele seja representado. Mas isso não pode ser feito através da tonalidade, musicalmente, e as surpresas, o capricho e o acaso (representado) transmitem seu impulso à curva.

Se o ator não considerasse que sua tarefa é expressar um sentimento de seu herói (aliás, geralmente atua para vivenciá-lo, em lugar de representá-lo), e sim comunicar um desejo ou conhecimento, portanto algo que impulsiona para a frente, ele simplesmente colocaria em relevo o sentido das palavras sem colocar mais sentimento nelas do que aquele que surge ao falar, e então o espectador poderia voltar a sentir alguma coisa e saborear iguarias que não foram pré-mastigadas para ele, ou seja, merda.

O intérprete que não se interessa mais pela ação, ou seja, pela vida, mas apenas por si mesmo, ou seja, por muito pouco, não é mais um filósofo, nada mais é que um cantor. Tudo o que ele faz é aproveitar toda oportunidade de se exibir e recolher a sua parte; essa pessoa é só um pau-mandado, um peru, uma pessoa que só está preocupada consigo mesma, em suma: um burguês.

3. [Para que a visita se repita]

Se vocês quiserem atuar de tal forma que o público os assista mais de uma vez, então devem atuar de tal forma que seja necessário que a visita se repita para que se apreenda tudo. Vocês não podem, por isso, atuar como se fossem ser vistos uma única vez.

4. O sim-não

A manejabilidade de uma descrição depende do sim-não estar nela e do sim-ou-não estar suficientemente determinado nela.

5. Maquiagem

Antes de mais nada, a maquiagem deve esvaziar o rosto, não pode preenchê-lo, particularizá-lo ou fixá-lo.

No teatro, recuamos quando não sentimos a intenção.[34] (A discrição é uma questão de honra; portanto, uma babaquice burguesa que não tem nada a ver com o teatro.)

Quando o teatro se tornou literário, os atores deixaram de se caracterizar com audácia e se encobriram (interpretavam a si mesmos, se tornaram sinceros, quer dizer, se deleitavam consigo mesmos, atuavam aquilo que sentiam e era isso que o espectador tinha que sentir etc.). A literatura, pois, encobre, o papel definha, a imaginação do leitor deve ser mais solicitada do que a do espectador, e tudo foi calculado para durar mais tempo que uma noite no teatro.

O ator deve mudar a maquiagem a cada cena para que sua permanência igual por um tempo se converta em um dos grandes efeitos.

---

[34] Alusão ao *Torquato Tasso* (ato II, cena 1) de J. W. Goethe (1749-1832): "Mas sente-se a intenção, e recuamos" [J. W. Goethe, *Torquato Tasso*, Lisboa, Relógio d'Água, 1999, p. 63].

A mudança[35]

O ATOR

Você disse que o ator tem de evidenciar o modo como as coisas mudam. O que isso significa?

O ESPECTADOR

Isso significa que seu espectador é também um historiador.

O ATOR

Então você está falando a respeito de peças históricas?

O ESPECTADOR

Eu sei que vocês chamam peças situadas no passado de peças históricas. Mas vocês raramente as fazem para espectadores que sejam historiadores.

O ATOR

Poderia me dizer o que você quer dizer com historiador? Você com certeza não está falando de um colecionador de curiosidades ou de um acadêmico, já que no teatro um historiador tem de ser outra coisa.

---

[35] Datilografado. Escrito provavelmente em 1940, durante o exílio escandinavo. Brecht possivelmente redigiu o diálogo, que aborda a questão da representação teatral de uma perspectiva histórica, durante a primeira fase de trabalho de *A compra do latão* (1939-1941).

O ESPECTADOR

O historiador se interessa pelo modo como as coisas mudam.

O ATOR

E como se atua para ele?

O ESPECTADOR

Mostrando que outrora era diferente de hoje e sugerindo o porquê. Mas mostrando também como o ontem tornou-se o hoje. Portanto, se vocês representarem reis do século XVI, têm que mostrar que tais costumes e tais pessoas praticamente não existem mais e, quando existem, são dignas de espanto.

O ATOR

Então não devemos mostrar que aquilo que é humano permanece sempre o mesmo?

O ESPECTADOR

Aquilo que é humano se mostra por meio de suas mudanças. Se aquilo que é humano for desvinculado de suas expressões em constante mudança, então surge uma indiferença a respeito da forma como vivem os humanos, e, com ela, uma aceitação do já existente.

O ATOR

Dê um exemplo!

O ESPECTADOR

Na primeira cena de *Rei Lear*,[36] o velho rei reparte seu reino entre suas três filhas. Eu já o vi no teatro rachando sua

---

[36] Ver nota 7, p. 36.

coroa em três com golpes de espada. Não gostei disso. Teria gostado mais se ele tivesse rasgado um mapa em três pedaços e os entregasse a suas filhas. Aí teríamos visto o que se passa no país com esse tipo de governo. O acontecimento apareceria de modo mais estranho. Muitos pensariam que há uma diferença entre a repartição de utensílios domésticos e a de um reino entre seus herdeiros. Evocaríamos uma estranha época passada e representaríamos o tempo presente sob essa forma ultrapassada. Na mesma peça, um servidor leal do rei deposto espanca um desleal. Na opinião do autor, ele demonstra sua lealdade assim. Mas o ator que representa o espancado poderia não representar a dor de forma engraçada, senão séria. Se ele tivesse se arrastado para fora com a coluna quebrada, a cena teria provocado estranheza, e é isso que deveria ser feito.

O ATOR

E as peças que se passam hoje em dia?

O ESPECTADOR

Esse é o ponto principal: que justamente essas peças contemporâneas sejam representadas historicamente.

O ATOR

Então o que devemos fazer quando representamos uma família pequeno-burguesa desta década?

O ESPECTADOR

Essa família, como um todo, tem um comportamento que não seria o mesmo em tempos passados, e podemos imaginar um tempo em que ela não será mais a mesma. O que é especial, típico deste nosso tempo, é o que precisa ser mostrado. Aquilo que mudou em relação a outrora, e os costumes que ainda hoje resistem a certas transformações, ou os que já estão mudando. Por outro lado, o indivíduo também tem sua história que está sujeita à mudança das coisas. O que acontece a ele pode ser de importância histórica. Ou só o que tem importância histórica deveria ser mostrado.

O ATOR

O próprio ser humano não se torna desimportante demais assim?

O ESPECTADOR

Pelo contrário. É uma honra para ele se todas as transformações que ocorrem nele ou através dele são evidenciadas. Desse modo ele é levado tão a sério quanto os Napoleões de épocas passadas. Se vemos a cena "trabalhador fulano é condenado a morrer de fome pelo seu patrão", isso não deveria ser menos importante do que a cena "Napoleão foi derrotado em Waterloo". Os gestos das pessoas reunidas nessa cena devem ser igualmente memoráveis, a escolha do fundo igualmente caprichada.

O ATOR

Então devo construir uma figura de tal modo que eu mostre ininterruptamente: essa pessoa foi assim nessa época de sua vida e assim nessa outra; e: isso foi o que ele disse; ou: ele costumava falar desse jeito naquela época. E isso deve estar ligado a declarações do tipo: gente de sua classe costumava falar e agir assim; ou: a pessoa que represento se diferencia da gente de sua classe nessa ação ou nessa forma de falar.

O ESPECTADOR

Isso mesmo. Quando vocês lerem atentamente seus papéis, primeiro procurem por títulos que são históricos nesse sentido. Mas não se esqueçam que a história é a história da luta de classes e que, portanto, os títulos têm que ter importância social.

O ATOR
Então o espectador é um historiador social?

O ESPECTADOR
Sim.

Postura do diretor de ensaios
(no processo indutivo)[37]

O diretor de ensaios não chega ao teatro, aqui, com uma "ideia", uma "visão", um "plano de marcação" e um "cenário concluído". Ele não quer "realizar" uma ideia. Sua tarefa é despertar e organizar a produtividade do ator (músico, pintor etc.). Ele não entende o *ensaiar* como martelar algo fixado de antemão em sua cabeça. Ele o entende como *testar alguma coisa*. Ele precisa insistir que cada uma das inúmeras possibilidades sejam levadas em conta. É perigoso para ele deixar que o apressem para que indique a "única solução correta" o mais rápido possível. A única solução correta só pode ser uma entre as muitas soluções possíveis, se é que ela existe, e vale a pena testar outras soluções também, porque assim a solução final será enriquecida. A solução tira suas forças do ato de eliminação. Além disso, a produtividade de cada um dos colaboradores não é uniforme, eles produzem em ritmos diferentes e necessitam de estímulos diferentes. Cada um dos colaboradores também tem interesses distintos que têm que ser plenamente desenvolvidos para enriquecer a solução total. Uma tarefa importante do diretor de ensaios é a de desmascarar as soluções esquemáticas, costumeiras, con-

---

[37] Datilografado, com correções feitas à mão. Provavelmente escrito em 1939, no exílio na Suécia. Há fortes indícios de que o texto foi escrito para subsidiar o trabalho de direção de Ruth Berlau, que dirigia a peça *Quanto custa o ferro?* de Brecht com um grupo de teatro amador da Federação Sueca de Teatro Amador. Ver também nota 38, p. 73.

vencionais. Ele tem que desencadear *crises*. Obviamente, não pode ter receio de admitir que nem sempre sabe qual é "a" solução ou que tem uma à mão. A confiança que os colaboradores depositam nele tem que estar baseada na sua capacidade de deixar claro o que não é uma solução. Ele contribui com questões, dúvidas, com multiplicação de pontos de vista possíveis, comparações, recordações, experiências. Impedir a construção apressada de situações e papéis geralmente lhe dará muito trabalho, porque isso dá aos atores mais tarimbados e mais fortes (famosos) a oportunidade de paralisar a produtividade dos outros e de impor suas soluções convencionais aos outros. Na leitura coletiva do texto, depois da distribuição dos papéis, ele precisa organizar a *postura de quem se espanta* dos atores. Ele precisa conseguir que se perguntem: "por que digo isso?" e "por que ele diz aquilo?". Ele tem até mesmo que conseguir que digam: "seria melhor se eu (ou ele) dissesse isso ou aquilo". Ele precisa assegurar que a perplexidade inicial e a contradição, uma vez que uma determinada resposta foi obtida, não desapareçam totalmente da configuração ao longo dos ensaios.

Aquilo que é próprio de cada uma das falas ou ações também deve ser perceptível na configuração final. O espectador também deve ter acesso a essa perplexidade e à contradição. O caminho entre a leitura de mesa e o palco não deve ser percorrido de uma só vez. O melhor é ir transpondo as cenas por partes para o palco. A leitura de mesa deve antecipar "de forma aproximativa, esboçada", os detalhes para o palco. Essa forma *aproximativa, esboçada, provisória* deveria ser mantida viva na configuração final. O espectador deve ver a solução como uma solução específica, mas ainda contendo algo de fortuito que realmente pertence a ela. Além do mais, é melhor que a linha geral não surja por meio da soldagem dos detalhes desprovida de rebites, mas sim como uma cadeia lógica de detalhes, que ainda conservam seu caráter de detalhe. Desse modo, valorizamos a *lógica* da sua sucessão e da sua concatenação. Não basta confrontar afirmações individuais, gestos etc. com outras afirmações, gestos etc., igualmente possíveis em uma conversa na mesa de leitura. É preciso colocar as outras possibilidades em prática. O surpreendente pressupõe que alguma coisa seja esperada, que nem sempre é tudo o que se pode esperar. E o elemento surpresa é um elemento fundamental do efeito. O ator se lança ao *efeito*. É uma aspiração saudável, ele tenta surpreender. Mas ele obtém apenas o efeito "teatral", o efeito "ilícito", quando não escolhe aquilo que seria lógico de esperar entre tudo o que poderia ser esperado. A surpresa de tipo saudável surge quando a solução lógica é surpreendente. Enquanto testamos os detalhes no palco, devemos deixar de lado a disposição da plateia. Assim, numa segunda fase, na qual tratamos de proporcionar ao espectador a melhor visão dos acontecimentos, chegamos a um reagrupamento que tem como objetivo tornar as coisas mais claras.

Para cada processo que ocorre em cena, o diretor de ensaios deveria procurar uma situação na qual se poderia fazer a demonstração de um processo semelhante na vida cotidiana. Por exemplo: a primeira entrada de Rei Lear, na qual reparte o reino, poderia ser pensada como uma demonstração perante uma comissão de juristas, médicos, mestres de cerimônia, membros da família, historiadores, políticos etc. Os detalhes teriam que satisfazer as exigências tão diferentes das partes interessadas.

Vale a pena falar sobre o teatro amador?[38]

Qualquer um que se proponha a estudar seriamente a arte teatral, e sua função social, faria bem em prestar atenção às múltiplas formas de atividade teatral que podem ser encontradas fora das grandes instituições, quer dizer, os esforços espontâneos, informes e rudimentares dos amadores. Mesmo se os amadores fossem o que os artistas profissionais acham que eles são, a saber, *público que atua*, ainda assim seriam suficientemente interessantes. A Suécia está entre os países em que o teatro amador está particularmente difundido. As dimensões gigantescas da Suécia, praticamente um continente em si mesma, dificultam o envio de grupos de teatro profissionais convidados da capital. Por isso, nas províncias as pessoas fazem seu próprio teatro.

A Federação Sueca de Teatro Amador conta com aproximadamente mil grupos de teatro ativos, que realizam pelo menos duas mil apresentações anuais para pelo menos meio milhão de espectadores. Um movimento como esse pos-

---

[38] Datilografado. Escrito em 1939, no exílio sueco. Em função da crescente ameaça de guerra e invasão nazista, Brecht emigra da Dinamarca para a Suécia. Ali participou de uma série de atividades vinculadas à Federação Sueca de Teatro Amador, ligada aos sindicatos social-democratas. Entre elas, realizou a conferência "Sobre o teatro experimental", para membros da Federação, e participou da encenação de sua peça de agitação e propaganda *Quanto custa o ferro?*, feita por um grupo amador, como supervisor da diretora Ruth Berlau, importante colaboradora de Brecht. Este texto foi pensado como a primeira parte de um ensaio intitulado "Seis crônicas sobre o teatro amador", que nunca foi concluído.

sui grande significado cultural em um país de seis milhões de habitantes.

Ouvimos frequentemente que as apresentações de teatro amador são de baixo nível intelectual e artístico. Nem sequer entraremos nessa discussão aqui. Outros afirmam, pelo contrário, que ao menos uma parte das apresentações dá mostra de um considerável talento natural, e que alguns grupos apresentam grande empenho em se aperfeiçoar. Contudo, a depreciação do teatro amador parece tão disseminada que temos que nos perguntar: e se o nível do teatro amador fosse realmente tão baixo? Seria então totalmente irrelevante? A resposta só pode ser: não!

É um erro achar que não vale a pena falar dos esforços dos amadores na arte, porque a arte "não tira nenhum proveito disso". Uma apresentação teatral ruim não é uma apresentação que, em contraste com uma boa, não deixa impressão alguma. Ela não deixa uma boa impressão, mas deixa uma impressão. Uma impressão ruim. Pelo menos no caso das artes, a expressão "se não ajuda muito, também não prejudica" é totalmente falsa. A arte boa fomenta a sensibilidade artística. A arte ruim não a deixa intacta, antes a prejudica.

A maioria das pessoas não tem clareza sobre as consequências da arte, sejam elas boas ou ruins. Acham que não acontece nada com um espectador que não foi tocado intimamente pela arte, porque ela é ruim. Para além do fato de que podemos não só "ser tocados" por arte boa, mas também por arte ruim, mesmo quando *não* somos tocados, alguma coisa acontece.

Uma peça de teatro, seja ela boa ou ruim, sempre contém uma imagem do mundo. Os atores mostram, bem ou mal, como as pessoas se comportam em determinadas circunstâncias. Aprendemos que um homem ciumento se comporta assim ou assado, que isso ou aquilo foi feito por ciúme. Um homem rico está sujeito a estas ou aquelas paixões, um ancião sente isso ou aquilo, uma camponesa age assim ou assado etc. etc. Ademais, o espectador é encorajado a tirar determinadas conclusões sobre o curso do mundo. Se ele se comportar assim ou assado, ele pode supor — pelo que ouviu — que a consequência será essa ou aquela. O espectador é desse modo levado a compartilhar certos sentimentos das pessoas que aparecem em cena e, com isso, a aceitá-los como sentimentos universalmente humanos, evidentes, simplesmente naturais. E eles nem sempre são sentimentos verdadeiros, universalmente humanos, naturais. Como neste ponto os filmes são parecidos com o teatro, mas são mais conhecidos, daremos um filme como exemplo para esclarecer o que queremos dizer.

No filme *Gunga Din*,[39] baseado em um conto de Kipling, vi a luta das forças de ocupação inglesa contra a população nativa. Uma "tribo" indiana (o conceito já contém algo de selvagem, incivilizado, em contraste com o conceito de "povo") ataca uma tropa inglesa na Índia. Os indianos eram primitivos, cômicos ou malvados, cômicos quando fiéis aos ingleses, com um caráter mau quando hostis a eles. Os soldados ingleses eram gente honesta, bem-humorada e, quando socavam uma turba para incutir nela "um pouco de juízo", o público ria. Um dos nativos traía seus compatriotas com os ingleses, sacrificava sua vida para que seus compatriotas fossem derrotados e recebia do público um aplauso comovido.

Eu mesmo me comovi, apoiei aplaudindo e ri nas horas certas. E isso, mesmo sabendo o tempo todo que tinha algo de errado ali, que os indianos não são pessoas primitivas e incultas, mas possuem uma grandiosa e antiquíssima cultura, e que esse Gunga Din poderia ser visto de um modo completamente diferente, como um traidor de seu povo, por exem-

---

[39] Filme norte-americano dirigido por George Stevens em 1939, que usou elementos do poema homônimo de Rudyard Kipling, de 1890, e do livro de contos *Soldiers Three and Other Stories*, de 1899.

plo. Eu me comovi e me diverti porque a representação totalmente falsa foi bem-sucedida e realizada com uma considerável soma de talento e habilidade.

É claro que um prazer artístico desse tipo tem consequências. Ele enfraquece os bons instintos e fortalece os maus, refuta a experiência verdadeira e espalha concepções falsas, em suma, falsifica a imagem do mundo. Não existe peça de teatro ou apresentação teatral que não afete de um modo ou de outro as ideias ou emoções do público. Só fala a favor da arte que ela nunca deixa de ter consequências.

Muito foi discutido a respeito da eficácia política da arte teatral, inclusive da "apolítica", sua influência sobre a formação de juízos políticos, sobre as emoções e estados de ânimo políticos. Ninguém discorda de seu efeito moral, do pregador de púlpito ao pensador socialista. É importante como lidamos em cena com o amor, o casamento, o trabalho e a morte, que tipos de ideais são formulados e propagados para os amantes, para os lutadores em sua luta pela existência etc. etc. O palco exerce aí praticamente, em um campo muito mais sério, a função de um desfile de moda: nele não são apresentados os mais novos vestidos, mas os mais novos modos de se comportar; não se mostra o que portar, mas como se comportar. Talvez o ponto mais esclarecedor, embora não o mais decisivo, seja a influência do teatro na formação do gosto. Como se expressar com beleza? Qual a melhor maneira de formar um agrupamento? O que é a beleza, afinal de contas? O que é um comportamento desenvolto? O que é astúcia admirável? O palco influencia o gosto em mil e um pormenores, melhorando-o ou piorando-o. Pois mesmo na arte realista, e especialmente nela, o gosto desempenha um papel decisivo. Até mesmo a representação da feiura tem que ser guiada pelo gosto. Os agrupamentos cênicos, o movimento das figuras pelo palco, a composição de cores, a iluminação, o controle sonoro e a cadência das vozes: tudo isso é uma questão de gosto.

Assim, efeitos políticos, morais e estéticos irradiam da arte teatral: bons quando a arte é boa, ruins quando é ruim.

Frequentemente esquecemos o quão teatral é a educação humana. A criança descobre como deve se comportar de uma forma bem teatral, muito antes de ser provida de argumentos. Quando isso ou aquilo acontece, a criança ouve (ou vê) que tem que rir. Ela ri quando os outros riem sem saber o porquê. Na maioria das vezes ela fica confusa quando perguntamos por que está rindo. E ela também chora junto, não só derramando lágrimas porque os adultos as derramam, mas também sentindo genuína tristeza. Isso pode ser visto em enterros, cujo significado escapa inteiramente às crianças. São acontecimentos teatrais que formam o caráter. O ser humano copia gestos, mímica, tons de voz. E o choro surge da tristeza, mas a tristeza também surge do choro.

Com os adultos não é diferente. Sua educação jamais termina. Só os mortos não podem ser transformados por seus semelhantes. Quem pensar a respeito se dará conta da importância que o teatro tem para a formação do caráter. Se dará conta do que significa centenas fazendo teatro diante de centenas de milhares. Dar de ombros ao empenho de tantas pessoas pela arte simplesmente não é resposta.

A própria arte não permanece intacta ao ser praticada desse modo tão casual, despreocupado e ingênuo. A arte teatral é, por assim dizer, a mais humana e comum de todas as artes, a que é praticada com mais frequência, isto é, praticada não só no palco como na vida cotidiana. E a arte teatral de um povo ou de uma época tem que ser julgada como um todo, como um organismo vivo que não será saudável se todos os seus membros não o forem. Isso também é um motivo pelo qual vale a pena falar sobre teatro amador.

Algo sobre o ator proletário[40]

A primeira coisa que chama a atenção em um ator proletário é a simplicidade na atuação. Por ator proletário não entendo um ator do teatro burguês de origem proletária, nem um ator do teatro burguês que atua para o proletariado, senão um proletário que não frequentou uma escola de teatro burguesa e não pertence a uma associação profissional. O que denominei de "simplicidade na atuação" me parece ser o alfa e o ômega da atuação proletária.

Já adianto que não considero de jeito nenhum a "simplicidade na atuação" boa em si mesma, e que não a prefiro a qualquer outra menos simples. Não me comovo incondicionalmente com o empenho dos que têm pouca ou nenhuma instrução mas são entusiastas da "Arte", e não suporto o esnobismo de gente que tem o paladar estragado e prefere o "pão preto puro" às *délicatesses*.

Os atores dos pequenos teatros dos trabalhadores existentes hoje em todas as grandes cidades da Europa, América e Ásia, que não foram paralisados pelo fascismo, nada têm de diletantes e sua atuação não é "pão preto". É simples, mas só num sentido bem específico.

Os pequenos teatros dos trabalhadores sempre são muito pobres. Não têm como custear grandes instalações. Du-

---

[40] Datilografado. Escrito em 1939 no exílio na Suécia. O texto está ligado ao trabalho com o ensaio "Seis crônicas sobre o teatro amador", que Brecht nunca concluiu. A respeito, ver nota 38, p. 73.

rante o dia os atores estão trabalhando. Os que estão desempregados estão quase tão ocupados quanto os outros, porque procurar trabalho também é um trabalho. Seja como for, eles não estão menos exaustos do que os outros quando chegam ao ensaio à noite. O modo como atuam denuncia a sua falta de energia excedente. Uma certa falta de autoconfiança tira o brilho de sua atuação. As grandes emoções individuais, exibições da psiquê diferenciada da pessoa individual e, sobretudo, a "rica vida interior": essas coisas não são mostradas no teatro dos trabalhadores. É nessa medida que sua atuação é "simples", no sentido de "pobre".

No entanto, outro tipo de simplicidade pode ser encontrada em sua atuação, uma simplicidade que não é consequência de qualquer tipo de falta proveniente de sua origem, mas é o resultado de uma perspectiva específica e de um esforço específico. Também falamos de simplicidade quando problemas complicados são dominados de tal modo que se tornam mais facilmente manejáveis, quando perdem sua obscuridade. Inúmeros fatos aparentemente contraditórios, um emaranhado gigantesco e desencorajador, são muitas vezes ordenados de tal forma pela ciência que emerge uma verdade relativamente simples. Essa é a simplicidade que não tem nada a ver com a pobreza. E é isso que encontramos na atuação dos melhores atores proletários, quando se trata da representação do convívio das pessoas em sociedade.

Com uma frequência surpreendente, os pequenos teatros dos trabalhadores trazem à luz as grandes verdades simples sobre as relações complexas e obscuras entre as pessoas de nosso tempo. De onde vêm as guerras, quem combate nelas e quem paga por elas; que tipo de destruição é gerada pela opressão que umas pessoas exercem sobre as outras; para onde os esforços de muitos se dirigem, de onde vem a vida fácil de poucos; qual aprendizado serve a quem; qual ato prejudica a quem: tudo isso é mostrado pelos pequenos teatros dos trabalhadores. E não me refiro apenas às peças, mas àqueles que atuam nelas da melhor forma possível e com o maior interesse possível.

Com um pouco mais de dinheiro, o quarto sobre o palco seria um quarto; com um pouco de aula de voz, a fala do ator seria como aquela da "gente culta"; com um pouco de glória, a atuação ganharia em contundência; com um pouco mais de dinheiro para comida e repouso, os atores não estariam mais cansados. Isso não poderia ser conseguido? O que não dá para se conseguir tão facilmente é o que falta aos ricos teatros burgueses. Como fazer com que uma guerra seja uma guerra em seus palcos? Como poderão representar para onde os esforços de muitos se dirigem, de onde vem a vida fácil de poucos? Como encontrarão as grandes verdades simples sobre o convívio das pessoas e como representá-las? Os pequenos teatros dos trabalhadores têm a possibilidade de superar a simplicidade proveniente de sua pobreza uma vez que supere a pobreza, mas os ricos teatros burgueses não têm a possibilidade de alcançar a simplicidade que vem do esforço para se chegar à verdade.

Mas e as grandes emoções individuais? E a psiquê diferenciada da pessoa individual? E a rica vida interior? O que será dessa rica vida interior, que para muitos intelectuais ainda é a miserável substituta de uma rica vida exterior? A resposta é: a arte não tem nada a ver com ela enquanto ela for apenas uma substituta. As grandes emoções individuais aparecerão na arte simplesmente como fala distorcida e artificial, temperamento convulsivo e ardente; a psiquê diferenciada da pessoa individual aparecerá na arte como um caso isolado doente e superestimado, enquanto a individualidade continuar sendo um privilégio de poucos, que não só possuem "personalidade", mas também outras coisas materiais.

A verdadeira arte empobrece com as massas e enriquece com as massas.

A cena de rua
Modelo básico de uma cena de teatro épico[41]

Nos primeiros quinze anos após a Primeira Guerra Mundial, uma forma relativamente nova de atuação foi testada em alguns teatros alemães que, por causa de seu caráter claramente descritivo, de relato, e por seu uso de coros e projeções como meios de comentário, foi chamado de épico. O ator, por meio de uma técnica não muito simples, se distanciava da figura que representava e posicionava as situações da peça em um ângulo no qual elas necessariamente se tornavam objeto de crítica do espectador. Os defensores desse teatro épico alegavam que os novos assuntos, os processos extremamente complexos da luta de classes no momento de sua mais terrível agudização, seriam dominados com maior facilidade por meio dele, porque assim os processos sociais poderiam ser representados em suas relações causais. No en-

---

[41] Escrito em 1938, no exílio na Dinamarca, primeiro país para o qual Brecht emigra após a ascensão do nazismo na Alemanha em 1933. Foi publicado pela primeira vez muito tempo depois, no décimo número dos *Versuche*, cadernos nos quais Brecht só publicava os textos que considerava relevantes para o processo de refuncionalização da cultura, em 1950, na República Democrática Alemã (RDA). Um dos mais importantes escritos a respeito do teatro épico redigidos por Brecht, o ensaio retoma e desenvolve ideias contidas no seu poema "Sobre o teatro de todos os dias" (1935), e a relação entre cena de rua e uma nova arte, absolutamente secular, também pode ser encontrada em uma nota sua de 1937, inacabada, a respeito do trabalho do cenógrafo.

tanto, esses experimentos trouxeram toda uma série de dificuldades consideráveis para a estética.

Estabelecer um modelo básico para o teatro épico é relativamente simples. Para experimentos práticos, habitualmente escolhi como o exemplo mais simples, "natural", de teatro épico, um acontecimento que pode se passar em qualquer esquina: a testemunha ocular de um acidente de trânsito demonstra a uma aglomeração de pessoas como a desgraça aconteceu. Os circunstantes podem não ter visto o acontecimento, ou não são da mesma opinião, eles "viram as coisas de outra forma"; o principal é que o demonstrador mostre o comportamento do motorista ou do atropelado, ou de ambos, de tal modo que os circunstantes possam formar um juízo sobre o acidente.

Esse exemplo do tipo mais primitivo de teatro épico parece fácil de entender. No entanto, a experiência mostra que ele proporciona espantosas dificuldades ao ouvinte ou ao leitor tão logo exigimos que ele apreenda as implicações da decisão de adotar esse tipo de demonstração de esquina como modelo básico de um grande teatro, o teatro de uma era científica.[42] Isso quer dizer que esse teatro épico pode se dar de modo mais rico, complexo e desenvolvido em todos os seus pormenores, mas para ser um grande teatro não precisa conter nada além dos elementos da demonstração de esquina; por outro lado, não poderia mais ser chamado de teatro épico se estiver faltando qualquer um dos elementos principais da demonstração de esquina. Até que se compreenda isso, não é possível compreender realmente o que vem a seguir. Até que se compreenda aquilo que é novo, inusitado e neces-

---

[42] Desde pelo menos 1929, Brecht costumava se referir ao teatro épico como o teatro de uma era científica, quando usa o termo em uma conversa que foi ao ar na rádio Westdeutscher Rundfunk, com Fritz Sternberg e o diretor da emissora Ernst Hardt, intitulada "Neue Dramatik".

sariamente desafiador para a crítica do enunciado que diz que essa demonstração de rua basta como modelo básico de um grande teatro, não é possível compreender realmente o que vem a seguir.

Consideremos: evidentemente, o acontecimento não tem nada a ver com aquilo que entendemos por acontecimento artístico. Quem demonstra não precisa ser artista. Praticamente qualquer um tem o que necessita para alcançar seu objetivo. Suponhamos que ele não esteja em condições de realizar um movimento tão rápido quanto o do acidentado que ele imita; então ele só precisaria dizer, esclarecendo: ele se move três vezes mais rápido, e isso no essencial não prejudicaria nem invalidaria sua demonstração. Já sua perfeição seria sim um problema. Sua demonstração ficaria comprometida caso seu poder de transformação atraísse a atenção dos circunstantes. Ele deve evitar se apresentar de modo que alguém exclame: "Mas com que naturalidade ele representa um motorista!". Ele não tem que "enfeitiçar"[43] ninguém. Ele não deve transportar ninguém do cotidiano para "esferas superiores". Não precisa dispor de nenhum poder especial de sugestão.

É absolutamente decisivo que em nossa *cena de rua* falte uma das principais características do teatro convencional: a preparação da *ilusão*. A apresentação do demonstrador de rua tem caráter de repetição. O evento já transcorreu, aqui transcorre a repetição. Se a *cena teatral* seguir a cena de rua nesse sentido, o teatro não esconde que é teatro, do mesmo modo que a demonstração de rua não esconde que é demonstração (e não pretende ser o evento). Fica completamente evi-

---

[43] Brecht satiriza aqui a terminologia metafísica utilizada por Josef M. Rapoport e Ilia J. Sudakov, epígonos de Stanislávski que publicaram artigos na revista *Theatre Workshop — Quarterly Journal for Theatre and Film Arts*, entre 1936 e 1937. Eles defendiam que o público deveria ser enfeitiçado, hipnotizado pelo palco.

dente que a atuação foi ensaiada, que o texto foi memorizado, bem como todo o aparato e toda a preparação. Mas então como é que fica a *vivência*? Ainda dá para vivenciar a realidade representada de alguma maneira?

A *cena de rua* determina que tipo de vivência será preparada para o espectador. O demonstrador de rua, sem dúvida, passou por uma "vivência", mas ele não está ali para fazer de sua demonstração uma "vivência" para o espectador. Até mesmo a vivência do motorista e do atropelado é transmitida apenas parcialmente, e em nenhum caso ele tenta transformá-la em uma vivência agradável, por mais vívida que seja sua demonstração. Sua demonstração não se torna menos válida quando não reproduz o pavor que o acidente causou. *Pelo contrário: com isso perderia o seu valor.* Ele não tem interesse em produzir *emoções* puras. É preciso entender que um teatro que o segue nesse sentido leva a cabo uma mudança de função. Um elemento essencial da *cena de rua* que também deve estar presente na *cena teatral*, para que possamos chamá-la de épica, é o significado social prático da demonstração. Seja porque nosso demonstrador de rua quer mostrar que esta ou aquela atitude de um pedestre ou do motorista tornam um acidente inevitável, enquanto outras permitem evitá-lo, seja porque ele quer demonstrar para tornar mais clara a questão da responsabilidade, sua demonstração persegue finalidades práticas, intervém socialmente.

O objetivo de sua demonstração determina o grau de completude que ele confere à sua imitação. Nosso demonstrador não precisa imitar todos os aspectos do comportamento de sua personagem, apenas o suficiente para nos dar uma ideia dela. A *cena teatral* geralmente proporciona imagens muito mais completas, correspondentes à maior extensão de seu campo de interesses. Como a ligação entre a *cena de rua* e a *cena teatral* se estabelece aqui? Para tomar um detalhe, a voz do atropelado pode não ter desempenhado, em um primeiro momento, nenhum papel no acidente. Uma divergência de opinião entre as testemunhas oculares, se o grito ouvido ("Cuidado!") veio do acidentado ou de outro pedestre, pode levar o demonstrador a imitar a voz. É possível chegar a um acordo sobre a questão se for demonstrado que a voz era de um velho ou de uma mulher ou simplesmente se era grave ou aguda. Ainda, sua resposta pode depender de sabermos se a voz era de um homem culto ou de um inculto. Se era alta ou baixa pode desempenhar um papel importante pois, conforme for, o motorista terá mais ou menos culpa. Uma série de características do acidentado requer representação. Estava desatento? Estava distraído? Se sim, com o quê? O que em sua conduta indicava que ele se distrairia por essa circunstância e não por outra? Etc. etc. Como podemos ver, nossa tarefa de demonstrar na esquina nos dá ocasião para uma reprodução bastante rica e multifacetada de seres humanos. No entanto, um teatro que não queira exceder os elementos essenciais tem que admitir certos limites para a imitação.[44] Tem que ser capaz de justificar qualquer despesa em função de seu propósito.

---

[44] Frequentemente nos deparamos com demonstrações de tipo cotidiano que são imitações mais completas do que demanda nosso acidente na esquina. A maioria é de natureza cômica. Nosso vizinho (ou nossa vizinha) resolve ridicularizar o comportamento avarento de nosso senhorio. Essa imitação costuma ser copiosa e rica em variações. Mas quando a analisamos de perto, podemos constatar que a imitação, aparentemente muito complexa, "tira sarro" só de um lado do comportamento de nosso senhorio. A imitação é um resumo ou um recorte, que cuidadosamente deixou de fora aqueles momentos nos quais o senhorio pareceu "muito sensato" ao vizinho, momentos que obviamente existiram. Está muito longe de dar uma imagem completa; isso não teria efeito cômico algum. A *cena teatral*, que deve fornecer recortes mais amplos, se depara aqui com dificuldades que não devemos subestimar. Deve possibilitar uma crítica com o mesmo grau de eficácia, mas lidando com acontecimentos muito mais complexos. Deve possibilitar tanto a crítica positiva quanto a negativa, e isso em um único e mesmo processo. É preciso entender o que significa al-

A demonstração será regida, por exemplo, pela questão das *perdas e danos*. O chofer tem medo de ser despedido, de perder a carteira de motorista, de ir para a cadeia; o atropelado teme os altos custos hospitalares, a perda de emprego, a deformação permanente, a possível invalidez. Esse é o campo no qual o demonstrador constrói suas personagens. O atropelado poderia ter tido um acompanhante, ao lado do chofer poderia estar sentada sua garota. Nesse caso, o *campo social* apareceria melhor. As personagens poderiam ser mais ricamente desenhadas.

Outro elemento essencial da *cena de rua* é que o demonstrador deriva suas personagens inteiramente de suas ações. Ele imita suas ações e com isso permite que conclusões sejam tiradas sobre elas. Um teatro que a siga nesse sentido rompe em grande medida com o hábito do teatro convencional de basear as ações nos caracteres, subtraindo assim as ações da crítica ao representá-las como inevitáveis, como provenientes de caracteres regidos por leis naturais daqueles que as executam.

Para o nosso demonstrador de rua, o *caráter* do demonstrado permanece uma grandeza que ele não precisa determinar completamente. Dentro de certos limites ele pode ser assim ou assado, não importa. Ao demonstrador interessam

---

cançar a adesão do público com base na *crítica*. Para isso também temos, é claro, precedentes em nossa *cena de rua*, quer dizer, em qualquer demonstração de tipo cotidiano. Nosso vizinho e nosso demonstrador de rua podem reproduzir tanto o comportamento "sensato" quanto o "insensato" daquele a ser demonstrado, desde que os submetam à avaliação. No entanto, quando isso se dá no transcorrer dos acontecimentos (quando a pessoa sensata passa a ser insensata, e vice-versa), eles geralmente precisam utilizar comentários para mudar o ponto de vista da sua representação. Aqui se encontram, como mencionamos, dificuldades para a *cena teatral*. Não poderemos tratar delas aqui. A respeito, conferir "Breve descrição de uma nova técnica de atuação que produz um efeito de estranhamento". (N. do A.)

suas qualidades que provocam ou previnem acidentes.[45] A *cena teatral* pode mostrar indivíduos mais definidos. Mas deve estar em condições de classificar sua individualidade como um caso especial e de indicar também o campo no qual seus efeitos sociais mais relevantes são produzidos. As possibilidades de demonstração de nosso demonstrador de rua são estreitamente delimitadas (nós escolhemos esse modelo para restringir os limites ao máximo). Se os elementos essenciais da *cena teatral* não devem exceder aqueles da *cena de rua*, então sua maior riqueza deve ser apenas um enriquecimento. A questão dos *casos-limite* torna-se aguda.

Consideremos um detalhe: o nosso demonstrador de rua pode, digamos, se encontrar em uma situação na qual ele reproduz com um *tom nervoso* a declaração do chofer quando afirma estar exausto por excesso de serviço? (Em princípio, isso é tão pouco provável quanto a chance de um mensageiro que regressa aos seus compatriotas de sua audiência com o rei começar o seu relato assim: "Eu vi o rei barbado".) Sem dúvida, para que ele possa, mais do que isso, para que ele deva falar assim, será preciso pensar numa situação na esquina de rua na qual o nervosismo (especificamente sobre esse aspecto da questão) desempenhe um papel especial. (Em nosso exemplo acima seria o caso se o rei, por exemplo, tivesse jurado deixar a barba crescer até que... etc.) Devemos procurar um ponto de vista que permita ao nosso demonstrador submeter o nervosismo à crítica. Ele só estará em condições de imitar o tom nervoso do motorista quando assumir um ponto de vista bem definido, quando ele, por exemplo, o acusar por ter feito muito pouco para encurtar sua jornada de trabalho ("Ele não esteve nem ao menos uma vez num sin-

---

[45] A mesma situação será provocada por todas as pessoas cujos caracteres preenchem as condições apresentadas por ele e que mostram os traços imitados por ele. (N. do A.)

dicato, mas quando a desgraça acontece, fica todo nervoso: 'Eu fico dez horas atrás do volante'.").

Para chegarmos a isso, quer dizer, para que seja possível indicar um ponto de vista ao ator, o teatro tem de adotar uma série de medidas. Se o teatro ampliar o recorte da exposição mostrando o motorista em mais situações que a do acidente, de modo algum excederá seu modelo. Apenas criará outra situação de caráter modelar. Dá para pensar em uma cena com caráter de *cena de rua* que realiza uma demonstração bem fundamentada acerca do surgimento de emoções como a do motorista, ou uma em que se dá uma comparação entre entonações. Para não exceder a cena modelo, o teatro só deve desenvolver, em cada caso, a técnica que submete as emoções à crítica do espectador. Isso não significa, é claro, que necessitamos impedir o espectador, por princípio, de compartilhar certas emoções apresentadas. No entanto, a comunicação de emoções é só uma forma particular (fase, consequência) da crítica. O demonstrador do teatro, o ator, deve empregar uma técnica que lhe permita reproduzir o tom do demonstrado com uma certa reserva, com distância (de modo que o espectador possa dizer: "ele está nervoso — em vão, tarde demais, finalmente" etc.). Em suma: o ator deve permanecer um demonstrador; deve reproduzir o demonstrado como uma pessoa estranha, não pode apagar o "*ele* fez isso, *ele* disse isso" de sua representação. Ele não pode chegar a se *transformar completamente* na pessoa demonstrada.

Um elemento essencial da *cena de rua* é a naturalidade com que o demonstrador de rua assume um duplo aspecto. Sempre leva em conta duas situações. Ele se comporta naturalmente como demonstrador, e deixa o demonstrado se comportar com naturalidade. Nunca se esquece e nunca permite que esqueçam que ele não é o demonstrado, e sim o demonstrador. Ou seja: o que o público vê não é uma fusão entre demonstrador e demonstrado, um terceiro independente, sem contradições, com contornos diluídos de 1 (demonstrador) e

2 (demonstrado), como aqueles que as produções de teatro convencional nos oferecem.[46] As opiniões e os sentimentos de demonstrador e demonstrado não estão uniformizadas.[47]

Chegamos a um dos elementos mais característicos do teatro épico, o chamado *efeito-e* (*efeito de estranhamento*). Em poucas palavras, trata-se de uma técnica que pode conferir aos processos entre os homens a serem representados o selo do que é surpreendente, do que exige esclarecimento, do que não é óbvio, do que não é simplesmente natural. O objetivo do efeito é possibilitar ao espectador uma crítica frutífera de um ponto de vista social. É possível provar que esse efeito-e é significativo para nosso demonstrador de rua?

Podemos imaginar o que aconteceria se ele se abstivesse de produzi-lo. A seguinte situação poderia ocorrer. Um espectador poderia dizer: "se o acidentado pôs primeiro o pé direito na rua como você mostrou, então...". Nosso demonstrador poderia interrompê-lo e dizer: "Eu mostrei que ele pisa na rua primeiro com o esquerdo". Na discussão sobre qual pé ele realmente colocou primeiro na rua em sua demonstração, se o direito ou o esquerdo, e principalmente sobre o que o atropelado fez, a demonstração pode ser transformada para que surja o efeito-e. Desta vez o demonstrador consegue o efeito-e ao prestar atenção em seus movimentos, com exatidão, com cautela, provavelmente retardando-os; quer dizer: ele estranha essa pequena parte do acontecimento, ressalta

---

[46] Mais claramente desenvolvido por Stanislávski. (N. do A.)

[47] Ao referir-se à fusão entre ator e personagem, Brecht utiliza o verbo *gleichschalten*. O uso contribui para, no mínimo, ressaltar o caráter extremamente reacionário do procedimento. Isso porque o verbo substantivado (*Gleichschaltung*) era utilizado pelos nacional-socialistas para designar o processo no qual todas as organizações políticas, sociais e culturais alemãs passavam a ser controladas pelos nazistas. Uma das características centrais da *Gleichschaltung* era a eliminação ideológica e física de qualquer oposição.

sua importância, a torna digna de nota. De fato, o efeito-e do teatro épico também se mostra útil ao nosso demonstrador de rua; em outras palavras, ele também ocorre nessa pequena cena cotidiana de teatro natural em uma esquina, que pouco tem a ver com a arte. A passagem abrupta da representação ao comentário, tão característica do teatro épico, é ainda mais fácil de reconhecer como elemento de qualquer demonstração de rua. Sempre que lhe parece possível, o demonstrador de rua interrompe sua imitação com explicações. Os coros e documentos projetados do teatro épico, o dirigir-se diretamente ao público, no fundo não são outra coisa.

Como podemos constatar, espero que não sem espanto, não mencionei nenhum elemento estritamente artístico entre aqueles que caracterizam nossa *cena de rua*, e, consequentemente, a *cena de teatro épico*. Nosso demonstrador pode realizar sua demonstração exitosamente com habilidades que "praticamente qualquer um tem". Então como fica o *valor artístico* do teatro épico?

O teatro épico tem interesse em estabelecer seu modelo básico na esquina de rua, quer dizer, retornar ao teatro "natural" mais simples possível, a um empreendimento social cujos motivos, meios e fins são práticos e terrenos. O modelo se sustenta sem necessitar daquele tipo de explicação sobre o jogo teatral como "impulso para se autoexpressar", "apropriação de um destino alheio", "vivência espiritual", "impulso lúdico", "prazer de fabular" etc.[48] Isso quer dizer então que o *teatro épico* não está interessado em arte?

Seria melhor começar formulando a pergunta de outro modo. Assim: podemos usar habilidades artísticas para os propósitos da nossa *cena de rua*? É fácil dar uma resposta afirmativa à pergunta. Elementos artísticos também fazem

---

[48] Estas expressões até hoje são muito utilizadas pelos praticantes do teatro burguês para justificar o fazer teatral, especialmente pelos epígonos de Stanislávski criticados por Brecht.

parte da demonstração na esquina de rua. Em alguma medida, por mínima que seja, encontramos habilidades artísticas em qualquer ser humano. Não há mal em lembrar isso quando estamos diante da grande arte.

Sem dúvida podemos utilizar a qualquer momento o que chamamos de habilidades artísticas, dentro dos limites estabelecidos por nosso modelo de *cena de rua*. Operarão como habilidades artísticas mesmo sem ultrapassar esses limites (quando, por exemplo, uma *transformação completa* do demonstrador na pessoa demonstrada não se realiza). De fato, o *teatro épico* requer muita arte, é quase impensável sem artistas e destreza, imaginação, humor e simpatia. Sem isso, e muito mais, não dá para praticá-lo. Ele deve divertir, ele deve ensinar. Mas então, como desenvolver *arte* a partir dos elementos da *cena de rua*, sem acrescentar ou deixar algum de fora? Como chegar à *cena teatral* com sua fábula inventada, seus atores treinados, seu modo de falar elevado, sua maquiagem, seu trabalho em equipe com inúmeros atuantes? Precisamos de complementos aos nossos elementos para passar da demonstração "natural" à "artística"? As ampliações que efetuamos em nosso modelo para chegar ao teatro épico não seriam realmente elementares? Um breve exame mostrará que não. Tomemos a *fábula*. Nosso acidente de rua não foi inventado. O teatro convencional também não lida só com invenções, pensemos nas peças históricas. Mas uma fábula também pode ser apresentada na esquina de rua. A qualquer momento, nosso demonstrador pode se colocar e dizer: "o motorista é culpado porque tudo aconteceu como eu mostrei. Ele não seria culpado se tivesse feito o que mostrarei agora". E pode inventar um acontecimento e demonstrá-lo. Tomemos o *texto ensaiado*. Como uma testemunha em um caso judicial, nosso demonstrador de rua pode ter anotado, decorado e ensaiado as palavras exatas da pessoa a ser demonstrada. Nesse caso ele também apresenta um texto ensaiado. Tomemos agora a atuação ensaiada com *mais pessoas*: esse tipo de demonstração conjunta nem sempre é realizada somente com propósitos artísticos; pensemos na práxis da polícia francesa de mandar que os principais envolvidos em um caso criminal reconstituam determinadas situações cruciais perante a polícia. Tomemos a *máscara*: pequenas mudanças na aparência, desgrenhar os cabelos, por exemplo, isso sempre pode ser proposto no interior do campo da demonstração não artística. A maquiagem também não é utilizada somente para propósitos teatrais. Na *cena de rua*, o bigode do chofer pode ser particularmente significativo. Ele pode ter influenciado o testemunho da acompanhante que supusemos anteriormente. Nosso demonstrador pode trazer isso à sua representação fazendo com que o motorista acaricie um bigode imaginário enquanto solicita à sua acompanhante que confirme a declaração. Desse modo o demonstrador pode fazer muito para desacreditar o testemunho da acompanhante. No entanto, a transição para a utilização de um bigode real na *cena teatral* não ocorre sem alguma dificuldade, que também aparece em relação ao *figurino*. Nosso demonstrador pode, em determinadas circunstâncias, colocar o boné do chofer, por exemplo, se quiser mostrar que talvez estivesse bêbado (ele estava torto), entretanto só pode fazer isso em determinadas circunstâncias, não sem mais (veja as menções acima sobre o *caso-limite*!). Contudo, em uma demonstração com inúmeros demonstradores, como a que nos referimos acima, podemos usar figurinos para diferenciar as pessoas demonstradas. Aqui também há um uso limitado do figurino. A ilusão de que os demonstradores sejam realmente os demonstrados não pode ser produzida. (O *teatro épico* pode solapar essa ilusão por meio de figurinos especialmente exagerados ou através de vestuários que de algum modo são marcados como objetos a serem exibidos.) Além disso, podemos fornecer um modelo básico que pode substituir o nosso neste ponto: a demonstração de rua dos vendedores ambulantes. Para vender suas gravatas, essa gente representa tanto o homem malvestido quanto o chique. Com um par de adereços e poucos artifícios representam pequenas cenas alusivas nas quais se submetem às mesmas restrições a que nosso demonstrador se submete em nossa cena do acidente (com gravata, chapéu, bengala e luvas eles expõem certas reproduções alusivas de um homem do mundo, referindo-se a ele o tempo todo como *ele*!). Encontramos também a utilização de *versos* pelos vendedores ambulantes, no interior dos mesmos marcos apresentados por nosso modelo básico.[49] Eles usam ritmos fixos irregulares para vender jornais ou suspensórios.

Tais reflexões mostram que podemos nos arranjar com nosso modelo básico. Não existe nenhuma diferença elementar entre o teatro épico natural e o *teatro épico* artístico. Nosso teatro de esquina de rua é primitivo. Sua razão de ser, objetivo, e meios "não vão muito longe". Mas sem dúvida é um acontecimento significativo cuja função social é clara e predomina sobre todos os seus elementos. O que motiva a representação é um acontecimento que pode ser julgado de diversos modos, que pode ser repetido de uma forma ou de outra e ainda não terminou, pelo contrário, terá consequências, de modo que seu julgamento é relevante. O objetivo da apresentação é facilitar a avaliação do incidente. Os meios de apresentação estão em conformidade com ele. O *teatro épico* é um teatro extremamente artístico com conteúdos complexos e vastos objetivos sociais. Ao estabelecer a *cena de rua* como modelo básico para o *teatro épico*, estamos atribuindo a ele uma função social clara e definimos critérios para o *teatro épico* com os quais podemos determinar se um acontecimento é significativo ou não. O modelo básico tem importância prática. Permite ao diretor de ensaios e aos ato-

---

[49] Conferir "Sobre a lírica sem rimas com ritmos irregulares", em Bertolt Brecht, *Große kommentierte Berliner und Frankfurter Ausgabe*, vol. 22, Frankfurt, Suhrkamp, 1993, pp. 357-64. (N. do O.)

res checar — enquanto constroem uma encenação que envolve muitas questões difíceis, problemas artísticos, problemas sociais — se a função social do aparato inteiro ainda está clara e intacta.

Breve descrição de uma nova técnica de atuação que produz um efeito de estranhamento[50]

A seguir realizaremos a tentativa de descrever uma técnica de atuação aplicada em alguns teatros para que o espectador estranhe acontecimentos representados. O objetivo dessa técnica, o *efeito de estranhamento*, era proporcionar ao espectador uma atitude investigativa e crítica frente ao acontecimento representado. Os meios eram artísticos.

Para a aplicação do efeito-e com este propósito é um requisito que palco e plateia sejam depurados de toda a "magia", e que não sejam criados "campos hipnóticos". Isso deu fim à tentativa de se instaurar a atmosfera de um lugar particular no palco (quarto ao anoitecer, estrada no outono), ou de se criar um clima por meio de um ritmo de fala harmonioso. O público não é nem "aquecido" pelo desencadear de um temperamento, nem "enfeitiçado" por uma atuação com músculos contraídos; em suma, não nos esforçamos para colocar o público em transe e lhe dar a ilusão de que presencia um

---

[50] Provavelmente escrito em 1940. Pode ter sido redigido enquanto Helene Weigel lecionava na escola de teatro de Naima Wifstrand (ver nota 175, p. 221), ou pouco depois, quando os Brecht, junto com outros refugiados, emigraram para a Finlândia em função do avanço nazista. Foi publicado pela primeira vez no nº 11 dos *Versuche* (ver nota 41, p. 81) de Brecht em 1951. A versão desta edição, escolhida pelo organizador Werner Hecht, não contém os anexos que Brecht elaborou para outras versões do texto. É o último grande ensaio de Brecht, que sintetiza questões-chave do teatro épico ligadas à sua prática, antes de sua emigração para os Estados Unidos.

acontecimento natural, não ensaiado. Como veremos, devemos neutralizar, com meios artísticos, a tendência do público a se lançar nesse tipo de ilusão.

O requisito para a produção do efeito-e é que o ator atribua àquilo que tem para mostrar o *Gestus* claro de mostrar. Naturalmente, devemos abandonar a noção de quarta parede, que ficticiamente aparta o público do palco, gerando a ilusão de que o evento no palco acontece na realidade, sem a presença do público. Em princípio, o ator pode se voltar diretamente ao público nessas circunstâncias.

Como se sabe, o contato entre o público e o palco normalmente é feito na base da *empatia*. Os esforços do ator convencional se concentram tão completamente na consecução desse ato psíquico, que podemos dizer que ele vê nisso o objetivo principal de sua arte. Nossas observações introdutórias já mostram que a técnica produtora do efeito-e é diametralmente oposta à técnica que visa à empatia. O ator é por ela impedido de se ocupar com a efetivação do ato empático.

No entanto, em seu esforço para representar determinadas pessoas e mostrar seu comportamento, não precisa renunciar completamente ao recurso da empatia. Ele usa esse recurso tanto quanto qualquer pessoa sem habilidades e ambições de ator usaria para representar outra pessoa, quer dizer, para mostrar seu comportamento. Esse mostrar o comportamento de outras pessoas acontece diariamente em inúmeras ocasiões (testemunhas de um acidente demonstrando a recém-chegados como o acidentado se comportou, brincalhões imitando o jeito esquisito de andar de um amigo etc.) sem que os envolvidos tentem enredar seus espectadores em alguma espécie de ilusão. No entanto, ainda assim empatizam com as pessoas para se apropriar de suas características.

O ator, como foi dito, também se utilizará desse ato psíquico. Mas ao contrário da prática de atuação habitual, na qual o ato é executado durante a apresentação com o objetivo de levar o espectador ao mesmo ato, o executa somente em um estágio prévio, em algum momento do trabalho sobre o papel nos ensaios.

Para evitar uma configuração "impulsiva" demais, sem atritos e acrítica, de personagens e acontecimentos, podemos realizar mais ensaios de mesa do que o habitual. O ator deve abster-se de qualquer tipo de imersão prematura e deve desempenhar a função de leitor (não de recitador) o máximo de tempo possível. Um procedimento importante é a *memorização das primeiras impressões*.

O ator deve ler seu papel com a postura daquele que se espanta e contradiz. Não só a ocorrência de acontecimentos, ao ler a respeito deles, mas também o comportamento da figura que está atuando, ao experimentá-lo, devem ser pesados e suas particularidades compreendidas. Ele não deve considerar nada como dado, como algo que "não podia acabar de outro modo", "que era de se esperar de uma pessoa com esse caráter". Antes de memorizar as palavras, deve memorizar o que o espantou e o que contradisse. Tem que reter esses momentos em sua configuração.

Ao entrar em cena, além do que faz, ele irá, em todos os pontos essenciais, fazer com que se descubra, note, perceba, o que não faz. Quer dizer: ele atua de tal modo que a alternativa é vista da forma mais clara possível, de tal modo que sua atuação permita que outras possibilidades sejam imaginadas, que ele representa apenas uma das variantes possíveis. Ele fala, por exemplo: "você me paga por isso", e *não diz*: "eu te perdoo por isso". Ele odeia seus filhos, e *não* consta que os ama. Ele vai para a esquerda baixa e *não* para a direita alta.[51] O que ele *não* faz deve estar contido e conservado

---

[51] Terminologia técnica do teatro. Para facilitar o trabalho cênico, o palco convencional costuma ser dividido em áreas: esquerda alta, média e baixa; centro alto, baixo e médio; direita alta, média e baixa.

no que faz. Dessa maneira todas as frases e gestos significam decisões, a personagem permanece sob controle e é testada. O termo técnico para esse procedimento é: *fixação do não--mas.*

O ator não chega a *transformar-se completamente* na personagem que representa. Ele não é Lear,[52] Harpagon,[53] Schweyk,[54] ele *mostra* essa gente. Ele reproduz suas falas da maneira mais autêntica possível, representa seus comportamentos tão bem quanto seu conhecimento sobre os homens lhe permite, mas não tenta convencer a si mesmo (e com isso a outros) de que se transformou completamente neles. Atores saberão do que estamos falando se dermos como exemplo de um modo de atuar, sem transformação completa, a atuação do diretor ou do colega que demonstra como fazer uma passagem determinada. Como não é o papel deles, não se transformam completamente, ressaltam o aspecto técnico e se mantêm na postura de quem apenas faz propostas.

Uma vez que abandona a transformação completa, o ator não fala seu texto como se estivesse improvisando, e sim como uma citação. No entanto, é claro que deve conferir à citação todos os subtons, toda a plasticidade humana e concreta da declaração; do mesmo modo os gestos que apresenta devem ter toda a corporalidade de um gesto humano, mesmo que daqui em diante representem uma cópia.

Três recursos podem servir para o estranhamento das

---

[52] Ver nota 7, p. 36.

[53] Personagem principal da comédia O *avarento*, de Molière.

[54] Figura central do romance *As aventuras do soldado Schweyk*, de Jaroslav Hasek (1883-1923). O romance foi adaptado para o palco pelo coletivo de dramaturgia de Erwin Piscator (1893-1966), do qual Brecht fazia parte, entre 1926 e 1927. Posteriormente, Brecht e Piscator pensaram em transformar o assunto de Schweyk em filme e, na década de 1940, Brecht desenvolveu e publicou *Schweyk na Segunda Guerra Mundial*, peça que retoma a figura em novo contexto.

declarações e ações da pessoa representada, em uma atuação sem transformação completa:

1. *A transposição para a terceira pessoa.*
2. *A transposição para o passado.*
3. *Falar as rubricas e os comentários em voz alta.*

O uso da terceira pessoa e do passado possibilitam ao ator a postura distanciada adequada. Além disso, o ator busca rubricas e declarações que comentam seu texto e as fala em voz alta nos ensaios ("Se levantou e disse mal-humorado, porque não havia comido..." ou "Escutou aquilo pela primeira vez e não sabia se era verdade" ou "Sorriu e disse muito despreocupadamente: ..."). Falar as rubricas em terceira pessoa em voz alta leva a um choque entre dois tons, de modo que o segundo (o texto propriamente dito) é estranhado. Além disso, a forma de atuar é estranhada, já que se concretiza depois de ter sido descrita e anunciada em palavras. O uso do passado situa o ator em uma posição na qual ele pode olhar retrospectivamente para sua fala. Com isso a fala também é estranhada sem que o ator adote um ponto de vista irreal, pois ele, ao contrário do espectador, já leu a peça até o final e pode, a partir do final, a partir das consequências, julgar a frase melhor do que quem sabe menos e se defronta com a frase como um estranho.

Por meio desse processo composto, o texto é estranhado nos ensaios e geralmente se mantém assim na encenação. Quanto ao modo de dar o texto, a relação direta com o público permite e impõe a sua variação conforme a maior ou menor importância atribuída às falas. Tomemos como exemplo a fala de uma testemunha diante da corte. Os sublinhados, a insistência das pessoas em suas declarações, devem ser desenvolvidos como um efeito artístico especial. Se o ator se vira para o público, deve fazê-lo abertamente, e não utilizando o "aparte" ou a técnica do monólogo do velho teatro. Para extrair plenamente o efeito-e da forma versificada, o ator no ensaio faria bem em reproduzir primeiro o conteúdo do verso em prosa usual, acompanhado, se possível, dos gestos estabelecidos para o verso. Uma arquitetura bela e audaz das formas verbais estranha o texto (a prosa pode ser estranhada ao ser traduzida para o dialeto natal do ator).

Trataremos do géstico mais adiante, contudo diremos aqui que tudo o que é relativo às emoções deve ser externalizado, quer dizer, deve se tornar gesto. O ator deve encontrar uma expressão sensível, exterior, para as emoções de sua personagem, de preferência uma ação que denuncie o que se passa dentro dela. A emoção deve se exteriorizar, se emancipar, para que seja tratada em grande escala. Uma particular elegância, força e graça do gesto produzem o efeito-e.

Um emprego magistral dos gestos pode ser encontrado na atuação chinesa. O ator chinês observa visivelmente seus próprios movimentos, e assim alcança o efeito-e.

O que o ator propõe em termos de gestos, construção do verso, e assim por diante, deve ter sido concluído e portar o selo do ensaiado e acabado. Deve dar a impressão de facilidade, própria das dificuldades vencidas. O ator também precisa possibilitar que o público encare sua arte, seu domínio técnico, com leveza. Ele apresenta o acontecimento ao espectador como algo consumado, como ele pensa que realmente ocorreu ou poderia ter ocorrido. Não esconde que ensaiou, tal como o acrobata não esconde seu treinamento, e ressalta que é o seu relato, o do ator, a sua opinião, versão, dos acontecimentos.

Como ele não se identifica com a personagem que representa, pode escolher um determinado ponto de vista frente a ela, manifestar sua opinião sobre ela ao espectador que não foi convidado a se identificar, foi instado a criticar a personagem representada.

O ponto de vista que ele adota é o *ponto de vista da crítica social*. Ao estruturar acontecimentos e caracterizar personagens, ele realça os traços do âmbito da sociedade. Com isso sua atuação converte-se em um colóquio (sobre as condições sociais) com o público ao qual se dirige. Ele sugere ao espectador que justifique ou rejeite essas condições conforme seu pertencimento de classe.

O objetivo do efeito-e é estranhar o *Gestus* social subjacente a todos os acontecimentos. Por *Gestus* social entendemos a expressão mímica e gestual das relações sociais entre as pessoas de uma determinada época.

É mais fácil chegar à formulação do acontecimento para a sociedade, e transmiti-lo de tal modo que se entregue sua chave à sociedade, através da descoberta de títulos para as cenas. Esses títulos devem ter um caráter histórico.

Assim chegamos a um dispositivo técnico crucial: a *historicização.*

O ator deve representar os acontecimentos como acontecimentos *históricos*. Acontecimentos históricos são acontecimentos únicos, transitórios, acontecimentos ligados a determinadas épocas. Neles, o comportamento das personagens não é simplesmente humano, imutável; ele contém determinadas particularidades, aspectos ultrapassados ou ultrapassáveis pelo curso da história, e está sujeito à crítica do ponto de vista do período histórico subsequente. O desenvolvimento constante nos aliena do comportamento daqueles que nasceram antes de nós.

O ator deve tomar a mesma distância dos acontecimentos e dos modos de comportamento de hoje em dia que o historiador toma em relação aos acontecimentos e modos de comportamento do passado. Ele tem de tornar essas personagens e acontecimentos estranhos para nós.

Acontecimentos e personagens do cotidiano, do nosso entorno imediato, têm algo de natural para nós, por estarmos habituados a eles. Seu estranhamento nos ajuda a torná-los inabituais para nós. A ciência elaborou a técnica do desconcerto diante de acontecimentos corriqueiros, "evidentes", nunca colocados em dúvida, e não há motivo para que a arte não assuma essa postura infinitamente útil. É uma postura que, na ciência, surgiu como resultado do crescimento das forças produtivas humanas, e ela surge na arte exatamente pelo mesmo motivo.

No que diz respeito ao aspecto emocional, os experimentos com o efeito-e nas encenações alemãs do teatro épico mostraram que esse tipo de atuação provocou emoções, ainda que emoções de um tipo diferente daquelas do teatro convencional. A postura crítica do espectador é uma postura absolutamente artística. A descrição do efeito-e é, de longe, menos natural do que sua execução. Evidentemente, essa maneira de atuar não tem nada a ver com o que hoje se entende por "estilização". A principal vantagem do teatro épico com seu efeito-e, cujo único propósito é mostrar o mundo de tal forma que este se torne manejável, é justamente o seu caráter natural e terreno, seu humor e sua renúncia a todos os elementos místicos dos velhos tempos que ainda estão presos no teatro convencional.

De uma carta para um ator[55]

Me dei conta de que muitos de meus comentários sobre teatro foram mal compreendidos. Me dou conta disso sobretudo em cartas e artigos que concordam comigo. Então me sinto como um matemático que tivesse lido: "Eu concordo inteiramente com o senhor, em que dois vezes dois dá cinco". Acho que certos comentários foram mal compreendidos porque pressupus coisas importantes ao invés de formulá-las.

A maioria desses comentários, se não todos, foram escritos como observações sobre as minhas peças, para que elas pudessem ser encenadas corretamente. Isso lhes deu um tom

---

[55] Texto escrito em 1951, na República Democrática Alemã. Foi publicado no livro *Trabalho teatral* (Berliner Ensemble, *Theaterarbeit*, Dresden, VVV Dresdner Verlag, 1952). O livro foi editado por um coletivo encabeçado por Ruth Berlau e Brecht, e contém o registro comentado de seis encenações do Berliner Ensemble, feitas até aquele momento: *O senhor Puntila e seu criado Matti*, *A mãe*, *Mãe Coragem e seus filhos*, de Brecht, e das versões de *O preceptor*, de Jakob Lenz, *Vassa Geleznova*, de Maksim Górki, e *Pele de castor* e *Galo vermelho* de Gerhart Hauptmann. Além do registro comentado, o livro também abrange ensaios sobre a prática do Berliner Ensemble, todos relacionados ao trabalho épico de encenação. *Trabalho teatral* faz parte dos esforços de demonstrar o funcionamento do teatro épico na prática, está estreitamente ligado aos mais importantes escritos teóricos de Brecht, *A compra do latão* e o *Pequeno organon*, e também vincula-se à produção dos livros modelo (*Modellbücher*) (ver nota 57, p. 108). Nesta carta, Brecht não se dirige a nenhum ator em particular. Ela visa desfazer mal-entendidos a respeito de sua teoria para aqueles que desejam colocá-la em prática.

um tanto seco e mecânico, como um escultor escrevendo instruções frias para a instalação de suas esculturas: qual local, que tipo de suporte. Os destinatários talvez esperassem algo sobre o espírito no qual as esculturas foram criadas. Teriam de extrair, com muito esforço, algo a respeito disso das instruções.

A descrição da prática artística, por exemplo. Naturalmente, não há arte sem o artístico, e é importante descrever "como se faz". Especialmente quando a arte passou por uma década e meia de barbárie, como entre nós. Mas não devemos crer de jeito nenhum que se trata de algo a ser "friamente" aprendido ou exercitado. Nem mesmo a aprendizagem da dicção, tão necessária para a maioria dos atores, pode ser feita com absoluta frieza, mecanicamente.

O ator tem de ser capaz de falar com clareza, mas isso não é meramente uma questão de vogais e consoantes, é também, e principalmente, uma questão de sentido. Se ele não aprende (simultaneamente) a explicitar o sentido de suas réplicas, irá simplesmente articular de forma mecânica e destruir o sentido com sua "bela fala". E no que diz respeito à clareza existem diferenças e gradações de todo tipo. Classes sociais distintas possuem clarezas distintas: um camponês pode falar com clareza comparado a outro camponês, mas sua clareza não será a mesma de um engenheiro. Por isso, o ator que aprende dicção deve sempre cuidar para que sua fala se mantenha flexível, maleável. Nunca pode perder de vista o modo como as pessoas realmente falam.

Além disso, há a questão do dialeto. Também aqui é preciso vincular o técnico ao geral. Nossa fala cênica se baseia no alemão-padrão,[56] mas ao longo do tempo se tornou maneirista e rígida demais, um tipo de alemão-padrão bem es-

---

[56] Em alemão, *Hochdeutsch*. Trata-se de uma variante do alemão originalmente usada somente na língua escrita, capaz de ser entendida em qualquer região de fala alemã. Posteriormente, passa a ser utilizada na lin-

pecífico que não é tão flexível quanto o alemão-padrão do cotidiano. Ninguém é contra a utilização da linguagem "elevada" em cena, quer dizer, que o teatro desenvolva uma linguagem própria. Mas ela precisa ser viva, variada, e ser capaz de se desenvolver. O povo fala em dialeto. Em seu dialeto formam-se suas expressões mais profundas. Como nossos atores irão retratar o povo e falar com o povo se não retornarem ao seu próprio dialeto e não permitirem que suas entonações se incorporem ao alemão culto da cena?

Outro exemplo: o ator precisa aprender a economizar sua voz; não pode ficar rouco. Mas é claro que precisa estar em condições de mostrar um homem tomado pela paixão que fala ou grita rouco. Logo, seus exercícios devem conter atuação.

Obteremos uma atuação formalista, vazia, superficial e mecânica se nos esquecermos no treinamento artístico, por um momento que seja, que a tarefa do ator é representar seres humanos vivos.

Com isso chego à sua questão: se minha exigência de que o ator não se transforme inteiramente na figura da peça, mas que, por assim dizer, permaneça ao seu lado criticando-a ou elogiando-a, não torna a sua atuação algo puramente técnico, mais ou menos inumano. Na minha opinião, não é o caso. Deve ser meu jeito de escrever, que toma muita coisa por evidente, que gera esse tipo de impressão. Maldito seja! É claro que em um teatro realista devem estar em cena seres humanos vivos, tridimensionais, contraditórios, com todas suas paixões, afirmações e ações imediatas. O palco não é um herbário nem um museu zoológico com animais empalhados. O ator deve ser capaz de criar esses seres humanos (e se você pudesse assistir às nossas encenações você os veria, e eles não são seres humanos apesar de nossos princípios, mas por causa deles!).

---

guagem oral, em função da grande diferença existente entre os dialetos predominantes em cada região que faz uso do alemão.

Existe, no entanto, uma fusão completa do ator com sua figura que faz com que ela pareça tão evidente, tão impossível de ser pensada de outro modo, que o espectador deve simplesmente aceitá-la como ela é, gerando um "compreender tudo é tudo perdoar" absolutamente estéril, como aquele que se deu de um modo particularmente forte no naturalismo.

Nós, que pretendemos mudar tanto a natureza humana quanto a natureza restante, devemos encontrar caminhos para mostrar os seres humanos por um prisma no qual eles pareçam passíveis de modificação através de uma intervenção da sociedade. Para tanto, uma tremenda transformação do ator se faz necessária, porque até agora sua arte se baseou na suposição de que os seres humanos são como são, e em detrimento da sociedade ou em detrimento de si mesmos permanecem "eternamente humanos", "naturalmente assim e não de outro modo", e assim por diante. O ator tem que tomar posição, emocional e intelectual, em relação à cena e a sua figura. Essa transformação necessária do ator não é uma operação fria, mecânica; nada que é frio e mecânico tem a ver com arte, e essa transformação é artística. Sem uma conexão genuína com seu novo público, sem um apaixonado interesse no progresso humano, essa transformação não pode acontecer.

Assim, os *agrupamentos de acordo com o sentido* do nosso teatro não são fenômenos "puramente estéticos", efeitos, que proporcionam beleza formal. São parte do teatro dos grandes assuntos para a nova sociedade e não podem ser alcançados sem uma profunda compreensão e uma aceitação apaixonada da nova grande ordem das relações humanas.

Não posso reescrever todas as notas das minhas peças. Receba essas linhas como um suplemento provisório a elas, uma tentativa de compensar pelo que foi erroneamente pressuposto.

Certamente, ainda falta que eu explique a maneira relativamente calma de atuar do Berliner Ensemble, que surpreende uns e outros. Ela não tem nada a ver com objetividade artificial, os atores se posicionam em relação a suas figuras. E não tem nada a ver com intelectualismo, a razão nunca se lança friamente na luta. Ela se deve ao fato de que as peças não são mais submetidas ao ardente "temperamento cênico". A arte verdadeira é estimulada pelo assunto. Se o receptor, às vezes, pensa que está vendo frieza, é porque simplesmente se defrontou com a soberania, sem a qual ela não seria arte.

[Novo tipo de passionalidade][57]

O teatro, em todas as suas ramificações, se caracteriza por um alto grau de impaciência, característica esperada em qualquer participante de um jogo, seja ele competitivo, seja ele de azar. O sucesso no teatro é sempre incerto, tudo depende dessa ou daquela circunstância, um momento favorável, uma moda nova ou antiga, um grande nome e assim por diante; e, além disso, que os atores principais ou a trupe inteira estejam em forma naquela noite. Por isso uma passionalidade especial se faz necessária, uma atenção especial ao que o momento exige. Até hoje os atores são valorizados e contratados de acordo com o seu temperamento. Nos processos seletivos, escolhem, de preferência, rompantes para

---

[57] Introdução escrita nos anos 1950, na República Democrática Alemã, para o *Modelo Coragem 1949* (*Couragemodell 1949*), publicado apenas em 1958, após a morte de Brecht. O livro modelo foi elaborado a partir da encenação do Berliner Ensemble de *Mãe Coragem e seus filhos* em 1949. Os livros modelo, que abarcam detalhados registros (textuais e fotográficos) de encenações, bem como comentários críticos, tinham múltiplas funções. Serviam, entre outras coisas, para documentar o trabalho, demonstrar a teoria do teatro épico na prática, refutar as distorções dos críticos conservadores e orientar os produtores interessados na encenação dialética das peças de Brecht. Três livros modelo foram publicados sob a direção de Brecht: *Modelo Antígona 1948* (*Antigonemodell 1948*), *Construção de um papel: o Galileu de Laughton* (*Aufbau einer Rolle Laughtons Galilei*) e *Modelo Coragem 1949* (*Couragemodell 1949*). No arquivo Brecht em Berlim podem ser encontrados 104 livros modelo produzidos pelo Berliner Ensemble, que não foram publicados.

mostrar seus "recursos". No primeiro ensaio de leitura, mesmo quando ainda não fazem ideia do que vai acontecer, extraem tudo que há de temperamental em seu papel e, desde o início, vão num crescendo até chegar em um ritmo desenfreado: eles entusiasmam. Para eles, a ação é um mero veículo para a representação de estados anímicos, sobretudo os violentos, no melhor dos casos uma ocasião para criar tensões. Em suma, tudo é um empreendimento da maior impaciência para atiçar a impaciência do público.

Com isso, atacamos o nervo do empreendimento teatral, quando insistimos em certas reflexões a respeito da necessidade de elaboração de uma nova forma de atuação, sobretudo se essa forma descarta na íntegra a concepção convencional baseada no temperamento.

No entanto, é absolutamente necessário para o teatro alemão elaborar uma forma de atuar que faça jus à refuncionalização social. Temos que renunciar ao temperamento como chave de toda arte, porque há tempos ele não passa de um sucedâneo surrado daquela passionalidade que alentava a cultura burguesa durante o ascenso revolucionário da burguesia, e que poderia ser mais bem caracterizada como "espírito combativo". Naquele tempo, a pronúncia de um R em cena retumbava como os tambores dos novos exércitos civis franceses. A nova passionalidade, o espírito combativo do ascenso do proletariado, se manifesta de outro modo. Os rompantes individuais não são mais rupturas. As personagens não fazem mais a história nem as histórias. Chegou a hora de recorrer à paciência para trabalhos que exigem um novo tipo de passionalidade.

E em qualquer caso, sempre é de se esperar que o formal se misture com essa impressão derivada do conteúdo, que o espectador possa participar do nada inicial, de onde tudo surge, e antes de mais nada veja somente o palco, vazio, que se povoa. Ele sabe que os atores sobre o palco, a *tabula rasa*, testando isso ou aquilo em um trabalho que levou semanas, tomaram conhecimento de acontecimentos porque os representaram, e os representaram porque os criticaram. E agora começa, a carroça da Coragem roda pela superfície do palco.

No grande existe certa imprecisão, tal coisa não existe no pequeno.

O ator da nova era[58]

No ator da era feudal havia qualquer coisa do lacaio e do bobo; já o ator da era burguesa era um senhor ou um funcionário, e Burbage[59] tinha participação acionária em seu teatro, Matkovsky[60] recebia uma aposentadoria. A glória podia ser alcançada pelo ator tanto em uma era quanto em outra, e seus meios artísticos não se transformaram completamente por estarem atuando para este ou aquele público, com este ou aquele propósito.

Também no socialismo a posição do ator mudará e se adequará ao novo modo de produção. Muitos de seus meios artísticos permanecerão, outros serão substituídos por novos, e o propósito de sua atuação se expandirá consideravelmente, mas não se modificará completamente.

A burguesia não conseguiu criar um ator da era científica, como criou um engenheiro da era científica. Isso se deu em razão de que as ciências, que se ocupam da natureza da sociedade, não eram mais burguesas e não chegaram ao teatro. Cientistas ou, em todo caso, pessoas cujos trabalhos ou

---

[58] Datilografado. Escrito em torno de 1952, na República Democrática Alemã.

[59] Cuthbert Burbage, irmão do ator Richard Burbage, empresário inglês que construiu o Globe Theater em Londres em 1599.

[60] Adalbert Matkovsky, ator que foi membro da Königliches Schauspielhaus de Berlim de 1898 até sua morte em 1909. Foi nomeado ator residente do Königliches em 1900.

negócios exigiam mentalidade científica, já estavam sentadas nas plateias, mas deixavam essa mentalidade na chapelaria junto com o chapéu e a casaca, e se contentavam com divertimentos e comoções à moda antiga. Os meios artísticos, e o modo de atuar do ator da nova era, terão de se ajustar às novas tarefas, que se associarão às velhas.

[Sobre a formação dos atores]⁶¹

Na atual *fase da pesquisa*, que corresponde à reviravolta contínua da infraestrutura nas condições particularmente difíceis da situação alemã, o sectarismo, a pretensão ao monopólio, o "despacho" administrativo de problemas etc., só podem ser daninhos e inibitórios para a arte. Para acabar com o fanatismo estéril e com a intransigência na interpretação do modo de trabalhar stanislavskiano em nossas escolas de teatro, e dar lugar à pesquisa autêntica, à disputa de ideias, à discussão e ao assessoramento a jovens artistas para a criação independente, deveríamos, penso eu, fazer o seguinte:

No momento, o ensino específico de atuação se realiza por meio do estudo de cenas. Nele, os professores têm a função de diretor. Sem prática e capacidade para essa atividade não há talento pedagógico que ajude. Portanto, é preciso verificar a qualificação dos professores para a realização do es-

---

⁶¹ Datilografado. Escrito no começo de agosto de 1954 na República Democrática Alemã. Brecht redigiu o texto em função de um incidente ocorrido na escola de teatro Hans Otto, em Leipzig. Ele soube dos problemas de que trata por intermédio de uma docente da escola, Inge Moosen, que pediu seu apoio perante as autoridades culturais depois de ter sido demitida pela direção da escola por não difundir de modo adequado o "método Stanislávski". Este texto, bem com muitos publicados nesta edição, evidenciam os esforços teóricos e práticos de Brecht para modificar o trabalho pedagógico com atores na República Democrática Alemã, pautado pelo dogma do realismo socialista e do stanislavskianismo, que impedia a formação do que Brecht chamava de ator da nova era (ver texto anterior).

tudo de cena. A seção de artes do espetáculo da Academia das Artes[62] poderia executar essa verificação, eventualmente recorrendo a outras personalidades interessadas. Mas, para além disso, o ensino dessa disciplina fundamental deveria ser regido pela competição artística (e não pelo exame, tão alheio à arte!). Os grupos deveriam — pelo menos de vez em quando — estudar as mesmas cenas, para que os alunos possam ver e discutir as diferenças. (Atualmente, ouvi falar, cada grupo estuda uma cena diferente, e então há alguns exames no qual o corpo docente constata deficiências, julgamento autoritário que raramente é compartilhado pelo corpo estudantil.) Além disso, os grupos teriam que se colocar sob a condução — pelo menos por um tempo — de *apenas um* professor, justamente porque entre os pedagogos devem existir concepções diferentes e os alunos não podem estar constantemente divididos. No momento, a concepção "dominante" (concepção dominante despótica, ditatorial, administrativa) infelizmente dá *resultados* que provocam sérias dúvidas entre os especialistas. (Basta comparar o julgamento dos velhos professores da escola de Leipzig, J. S. e M. F.!)[63]

Ao realizarmos uma flexibilização interna, deveríamos pensar, ao mesmo tempo, em uma centralização das escolas. A saber, em Berlim, que possui mais e melhores teatros do que em Leipzig, por exemplo. Para o aprendizado do ator, os exemplos são necessários. Os jovens precisam ver os grandes

---

[62] A Academia das Artes Alemã (Deutsche Akademie der Künste) foi fundada em 1950. Foi a principal academia de artes da República Democrática Alemã. Entre seus fundadores estavam Hanns Eisler, Anna Seghers, Helene Weigel, Johannes Becher e o próprio Brecht.

[63] O ator, diretor e escritor Josef Stauder (1897-1981) foi diretor no Theater der Jungen Welt de Leipzig, e posteriormente do Theater der Freundschaft de Berlim. O ator Martin Flörchinger (1909-2004) atuou no Deutschen Theater de Berlim entre 1953 e 1956 e, após a morte de Brecht, integrou o Berliner Ensemble.

atores maduros, tanto em apresentações quanto no trabalho de ensaio. De um modo geral, é preciso que os grandes atores sejam empregados como professores. Para além dos exercícios, estudos etc., é preciso oferecer à nossa nova geração de atores a arte do ator viva, criativa, atual.

Realmente não dá para entender por que devemos nos render ao princípio "a escola aqui, a vida ali!", nem por que não devamos empregar uma instituição como a seção de artes do espetáculo da Academia, onde estão reunidos os melhores atores, encenadores, diretores de teatro e críticos, na tão decisiva tarefa de educar a nossa nova geração!

Pós-escrito:

É sintomático que os alunos ainda possam ser afastados da escola por inaptidão depois do segundo ano. Pelo visto, tropeçaram em algum santuário interior! É claro que sempre há diversos graus de talento, e pode ser que seu grau exato se revele somente anos depois da conclusão de seus estudos. Em qualquer caso, a maioria ficará nos pequenos teatros. Constatar que alguém não tem nenhum talento depois de dois (custosos) anos é inacreditável.

Propostas para a formação de atores[64]

1

Os teatros precisam de atores *jovens*.

Dado que agora o ensino escolar básico melhorou, e que algumas matérias importantes para o ator também podem ser ensinadas na escola de teatro, o aluno poderia ingressar na escola com 16 anos.

2

Os alunos também devem entrar nos teatros mais cedo.

Dois anos de formação técnica são suficientes para começar. A aula de dicção é decisiva, evidentemente conforme critérios artísticos. Introduzir o ensino da pantomima,[65] formação básica de balé. No lugar das aulas de esgrima, aulas de tiro. Aulas sobre visões de mundo. História da arte e do teatro.

---

[64] Datilografado. Escrito em torno de 1951 na República Democrática Alemã. No início dos anos 1950, Brecht escreveu uma série de notas sobre a preparação do ator evidenciando sua preocupação com o estado das escolas de teatro na RDA, pautadas pelos dogmas do realismo socialista, bem como suas propostas para a formação de atores capazes de lidar com o teatro dialético.

[65] No começo dos anos 1950, a pantomima não fazia parte da grade curricular das escolas de atuação porque era considerada formalista.

3

Os teatros da república enviam talentos à escola para serem avaliados. Alguns teatros de Berlim patrocinam alguns alunos. A aparência, a voz, ou o "ímpeto" não são fundamentais, só o talento e o interesse.

4

No terceiro ano é realizado, em estúdio, o trabalho cênico propriamente dito. Os alunos são colocados em diferentes teatros e ali participam dos ensaios ou das apresentações em pequenos papéis.

O ensino da nova geração de atores[66]

O Berliner Ensemble não defende o isolamento monástico da nova geração de atores, da vida e do teatro público em atividade. Contrata talentos logo após o ensino dramático elementar. Eles precisam, no entanto, ser talentos, e a descoberta de talentos não é assim tão fácil. Ademais, precisam ser individualidades fortes, e seu rastreamento também não é assim tão fácil. Não adianta ir atrás de "tipos de atores", figuras imponentes ou grotescas, munidas dos meios de atuação conhecidos, a que é a cara da "Margarida", o que nasceu para ser "Mefisto", a que tem tudo para ser "Martha Schwerdtlein".[67] E precisamos abandonar os conceitos de beleza e caráter empregados em nossos teatros de corte de outrora, e que Hollywood (mais a UFA)[68] desenvolveu em escala industrial, para selecionar atores. Os quadros dos grandes pintores mostram conceitos de beleza e de caráter bem diferentes e valiosos. Os jovens — e também não tão jovens

---

[66] Escrito em torno de 1951, na República Democrática Alemã. Foi publicado no livro *Trabalho teatral* em 1952 (ver nota 55, p. 103). É um dentre muitos textos ligados à formação dos atores que Brecht redigiu no período (ver nota 64, p. 116).

[67] Margarida, Mefisto e Martha são personagens do *Fausto* de J. W. Goethe.

[68] Abreviação de Universum-Film-Aktiengesellschaft, nome do grande estúdio cinematográfico alemão que começou suas atividades em 1917 e continua em funcionamento até hoje.

— deveriam ser incorporados imediatamente à vida plena de um teatro em atividade, e aparecer diante do público o mais rápido possível. Nos ensaios observam os mestres trabalhando e atuam com eles. E o público provê a parte mais imprescindível de sua educação.

[Observação e imitação][69]

Nossas escolas de teatro negligenciam a observação e a imitação daquilo que foi observado. A juventude tende a se expressar sem ir ao encalço das impressões a que suas expressões se devem. Os jovens se contentam em se sentir como Hamlets e Ferdinandos,[70] e assim muito pouco dessas figuras vem à tona, só aquilo que "faz eco" nos jovens atores, só o que os "estimula" nessas figuras, o que igualmente "estava ali" neles. Mas só pode estar ali aquilo que ficou gravado neles da realidade, e só se acrescentará ali o que for futuramente gravado, mesmo quando eles obviamente não se pareçam com fitas magnéticas que registram gravações. Registrar bem as figuras dos textos literários não é suficiente; temos que registrar e nos apropriar constantemente, enquanto atores, das pessoas reais do nosso entorno e de um círculo mais vasto. De certo modo, para o ator todo o seu meio se transforma em teatro, e ele é o espectador. Ele está constantemente se apropriando do que é estranho à sua "natureza", de modo que isso permaneça suficientemente estranho, quer dizer, estranho o bastante para que conserve seu próprio caráter.

---

[69] Datilografado. Escrito em torno de 1951, na República Democrática Alemã.

[70] Uma das personagens centrais da peça *Intriga e amor*, de Friedrich Schiller (1759-1805).

Sobre a imitação[71]

As assim chamadas personagens clássicas de nosso teatro (Götz,[72] Ferdinando,[73] Tell,[74] Wallenstein,[75] Margarida[76] etc.) existem graças a uma série de imitações, quer dizer, as figurações de diferentes gerações de atores eram imitações. Mesmo os mais obstinados atores assumiram posições de cabeça, entonações, formas de andar etc. Vendo, por exemplo, o Wallenstein de Albert Steinrück,[77] víamos uma mescla de observações desse ator, aquelas tiradas da vida, e aquelas tiradas do teatro. Se, em uma figuração, a parcela da tradição teatral for grande demais, a figura se tornará um clichê. Em contrapartida, não seria prejudicial se na figuração fosse re-

---

[71] Datilografado. Escrito em torno de 1951, na República Democrática Alemã.

[72] Personagem principal da peça *Götz von Berlichingen da mão de ferro*, de J. W. Goethe.

[73] Ver nota 70, p. 120.

[74] Personagem principal da peça homônima de Friedrich Schiller.

[75] Protagonista da peça *Guilherme Tell* de Friedrich Schiller.

[76] Ver nota 67, p. 118.

[77] Albert Steinrück (1872-1929) foi um importante ator alemão. No teatro foi dirigido, entre outros, por Max Reinhardt, Leopold Jessner e Erwin Piscator. No cinema participou de diversos filmes mudos, entre eles o renomado *O Golem* (1920), dirigido por Paul Wegener.

pentinamente inserido, de forma totalmente insólita, muito da vida de nosso tempo — mas isso praticamente não acontece, é muito mais difícil. Nunca veremos sobre o palco uma Margarida que valha a pena seduzir.

[Sobre a profissão do ator][78]

1
Posto que a profissão do ator requer grande tensão, o ator deve saber como distensionar. A todo momento evita a tensão extrema e a lassidão completa.

2
Só para que o teatro permaneça para ele algo especial, renuncia a tudo que é teatral na vida privada. No entanto, ele não renuncia ao estilo, sendo visto pelo público ou não.

3
Em sua profissão enfrentará duas tentações: isolar-se dos demais ou se atirar nos braços deles. Ele deve resistir a ambas.

4
Em sua profissão enfrentará mais uma tentação: a de se compadecer de si mesmo — involuntariamente clama por compaixão no palco, inclusive para os malfeitores. Ele também resiste a essa tentação.

---

[78] Datilografado. Escrito em torno de 1951 na República Democrática Alemã.

5

Ele precisa tomar cuidado para não se tornar nem muito vulnerável nem invulnerável.

6

O que o ajudará a sobrepujar muitas dificuldades é a arte da observação, que ele exercita constantemente. Ele observa ao imitar. E ele descobre, para os observados, um comportamento para as várias situações, que ele não pode observar.

7

Ele se ocupa de si mesmo somente na medida em que treina.

8

Ele estuda constantemente as leis que regem os comportamentos entre os homens. A sociedade é quem lhe dá as tarefas; ele a estuda.

9

Ele deve desenvolver um ouvido absoluto para o tom da verdade. Ele só simula para mostrar a verdade.

10

Ele não se fecha a nenhuma alegria e a nenhuma tristeza. Ele precisa desses sentimentos para seu trabalho, pois ele deve, acima de tudo, almejar permanecer humano.

Regras elementares para atores[79]

Não falar com a voz distorcida ao representar anciões, patifes e adivinhos.

É preciso dar um desenvolvimento às figuras importantes. Por exemplo: em *A mãe*, Pavel Vlassov[80] se torna um revolucionário profissional. Mas no começo ele ainda não é um e, portanto, não deve ser representado como tal.

Não caracterizar heróis como se nunca se aterrorizassem, covardes como se nunca fossem corajosos etc. Caracterizações de uma só palavra, como herói ou covarde, são extremamente perigosas.

Ao se falar rápido, não se deve falar mais alto; ao falar alto, não se tornar patético.

Quando o ator quer comover o público, não deve simplesmente se comover. Quando o ator "atua com compaixão", com entusiasmo etc., isso geralmente se dá às custas do realismo.

---

[79] Datilografado. Escrito por volta de 1951, na República Democrática Alemã.

[80] Figura da peça *A mãe*, de Brecht, adaptada do romance de Maksim Górki.

Nos palcos alemães, a maioria das figuras não foi retirada da vida real, mas do teatro. Há o velho de teatro, que resmunga e treme, o jovem de teatro, fogoso ou que irradia jovialidade, a cocote de teatro, que fala com voz dissimulada e balança o traseiro, o pequeno-burguês de teatro, que esbraveja etc.

A sensibilidade social é absolutamente necessária para o ator. No entanto, ela não substitui o conhecimento das condições sociais. E o conhecimento das condições sociais não substitui o estudo constante delas. Cada figura, cada situação e cada fala exigem novo estudo.

Durante um século, os atores foram escolhidos conforme o temperamento. Bem, o temperamento é necessário, ou melhor: a vitalidade; mas não para entusiasmar o espectador, e sim para a obtenção do incremento necessário exigido por figuras, situações e falas sobre o palco.

Nas peças medíocres, às vezes é preciso "fazer alguma coisa a partir do nada". Mas nas peças boas não devemos exprimir mais do que elas já contêm. Aquilo que não excita não deve se tornar excitante, o que não é tenso não deve tensionar. Nas obras de arte, e nisso elas são como organismos vivos, há altos e baixos. É melhor deixá-las assim.

Com relação ao *pathos*: quando não se trata de retratar um homem patético, devemos ser prudentes com o *pathos*. Vale o ditado: "Se não tivesse trepado, não teria se estatelado".[81]

---

[81] Ditado popular alemão redigido por Brecht no dialeto bávaro: "*Wärst nit aufigstiegn, wärst nit abigfalln*".

Tendências gerais que o ator deveria combater[82]

Gravitar em direção ao centro do palco.
Separar-se do grupo para ficar sozinho.
Aproximar-se da pessoa com quem fala.
Olhar o tempo inteiro para a pessoa com quem fala.
Não olhar para a pessoa com quem fala.
Ficar sempre paralelo à ribalta.
Ao acelerar a fala, levantar a voz.
Ao invés de representar uma coisa depois da outra, uma coisa a partir da outra.
Apagar traços contraditórios da personagem.
Não pesquisar as intenções do escritor de peças.
Subordinar as próprias experiências e observações às supostas intenções do escritor de peças.

---

[82] Datilografado. Escrito em torno de 1951, na República Democrática Alemã. Foi publicado no livro *Trabalho teatral* (ver nota 55, p. 103).

Se você quiser dominar algo difícil, torne-o fácil para si mesmo[83]

Tanto faz se o ator no palco tem de ficar fora de si ou se segurar, ele precisa saber como tornar a atuação fácil para si mesmo. Primeiro necessita conquistar o espaço cênico, ou seja, se familiarizar com ele como um cego se familiariza com os seus arredores. Ele precisa dividir seu texto, modulá-lo, saboreá-lo, até que se sinta confortável com ele. Não importa o que queiram expressar, ele deve "arranjar" seus movimentos de modo a se divertir até mesmo com seu ritmo e plasticidade. Todas essas tarefas são sensoriais, e o *training* é físico.

Se o ator não torna as coisas fáceis para si mesmo, também não as tornará fáceis para o público.

---

[83] Datilografado. Escrito em torno de 1951, na República Democrática Alemã. Foi publicado no livro *Trabalho teatral* em 1952 (ver nota 55, p. 103).

Controle do "temperamento cênico" e limpeza da fala teatral[84]

Para chegarmos a um modo realista de atuação é necessário combater certos maneirismos que se desenvolveram em nossos palcos. Existe o assim chamado comportamento cênico que, independentemente do conteúdo da cena, é acionado mecanicamente assim que as cortinas se abrem, e é geralmente uma tentativa em grande medida inconsciente do ator de comover o público por meio de sua própria comoção. Na maioria dos casos se propaga por meio de declamação gritada ou artificialmente contida e cobre as paixões da figura com as paixões do ator. Raramente ouvimos tons verdadeiramente humanos, e temos a impressão de que a vida imita o teatro, ao invés da impressão de que o teatro imita a vida. Esse temperamento completamente exterior não é necessário nem para interessar o público, nem para entusiasmá-lo. E existe também a assim chamada fala teatral, petrificada em uma forma vazia. A fala excessivamente articulada não facilita, antes dificulta a compreensão. E o alemão-padrão[85] só ganha vida quando entremeado com dialetos populares. Os atores devem estar sempre atentos para manter a fala próxima da vida cotidiana, não podem deixar de saber "o que está na

---

[84] Escrito em torno de 1951, na República Democrática Alemã, para o livro *Trabalho teatral* (ver nota 55, p. 103).

[85] Ver nota 56, p. 104.

boca do povo".[86] Só assim podem recitar o verso realmente como verso ou a prosa elevada sem aniquilar a situação e o caráter de sua figura. O *pathos* na postura e na fala adequado a Schiller e a Shakespeare, proveniente das encenações de sua época, é nocivo para os escritores de nossa época, e agora também é nocivo para o próprio Schiller, pois foi petrificado em rotina. As grandes formas só ganham vida nova quando são continuamente nutridas pela realidade em constante mudança.

---

[86] Em alemão *"dem Volk aufs Maul zu schauen"* ("olhar na boca do povo", literalmente). A expressão foi cunhada a partir de passagem da *Carta aberta sobre a tradução* escrita em 1530 por Martinho Lutero.

Recepção do tom[87]

Muitos elementos do ofício do ator correm o risco de entrar em decadência, incluindo a recepção do tom do parceiro. Um ator deve receber a réplica destinada a ele como um tenista recebe uma bola de tênis. Isso acontece quando o tom é captado e retransmitido de modo que ritmos e cadências que atravessam cenas inteiras são formados. Quando essa recepção não acontece, forma-se o equivalente acústico da impressão óptica que seria causada por cegos falando uns com os outros sem nunca olharem a quem se dirigem. Há algo da palavra "réplica", que usamos quando nos referimos a todas as declarações e respostas que compõem o papel, que poderia ser traduzido por "objeção", porque ela explicita o elemento de oposição em toda declaração e resposta. Mesmo quando a réplica expressa consentimento, ela quase sempre contém alguma correção no que acabou de ser ouvido, onde certos interesses particulares se fazem valer. Acordo absoluto, irrestrito, quer dizer, um sim "sem ressalvas", significa tirar uma dúvida de quem perguntou ou o estabelecimento de uma aliança contra um terceiro.

Esses múltiplos conflitos entre as figuras devem ser configurados por meio de um estreito trabalho em conjunto do *ensemble*. Esse trabalho conjunto dos atores, no entanto, po-

---

[87] Datilografado. Escrito em torno de 1951, na República Democrática Alemã. Foi publicado no livro *Trabalho teatral* em 1952 (ver nota 55, p. 103).

de ser realizado na forma de uma competição. Uma falha na recepção do tom pode ser sinal de pura e simples falta de musicalidade, de uma compreensão insuficiente do sentido, mas também, às vezes, de uma incapacidade para o trabalho em conjunto. Um ator, nem sempre inconscientemente, atua completamente para si mesmo, começa cada fala do zero simplesmente negando a fala anterior do parceiro. Esse tipo de ator costuma inserir aquelas pequenas e terríveis lacunas no diálogo, frequentemente pausas minúsculas depois da fala do parceiro que separam a nova fala do resto, destacando-a, distinguindo-a e fazendo com que o falante tome a cena para si.

Detalhe e aceleração[88]

Concluir cada pequena cena (não descuidar de nada). Fixar cada mínimo detalhe, como se fôssemos representar só aquela pequena cena. O temperamento do ator geralmente fica no caminho. Ele tem a sensação de que deve ser avarento com o tempo do público, e na verdade ele é avarento com o seu próprio tempo. O estabelecimento do ritmo é uma operação à parte, e deve ocorrer bem mais tarde. Só assim a encenação acelerada conterá tudo, estará suficientemente densa.

---

[88] Datilografado. Escrito por volta de 1951 na República Democrática Alemã, está ligado ao trabalho de Brecht no Berliner Ensemble. Este texto e o seguinte foram datilografados na mesma folha.

Busca rápida pelo efeito mínimo[89]

É preciso dar ao ator a sensação de que ele tem direito de fazer tudo, mas lhe tirar a sensação de que deve fazer tudo. Até mesmo os grandes atores representam (e ensaiam) as maiores cenas da literatura mundial como se precisassem salvá-las. É preciso que o diretor os faça confiar na eficácia da cena enquanto um acontecimento ficcional pleno de interesse. Ele precisa buscar, desde cedo, a forma mais simples de representação possível, a mais "desprovida de arte", que coloque o efeito fundamental em cena. Todo o resto se adiciona na balança. (A imagem foi tirada dos açougues onde o açougueiro primeiro separa a carne do cliente na balança, e depois adiciona um extra para ele.)

---

[89] Datilografado. Escrito por volta de 1951.

Arranjo básico[90]

Muitos atores acham que quanto mais mudam de posição, mais fiel à vida e mais divertido é o arranjo. Eles não param de dar passinhos, sentam, levantam etc. Na verdade, as pessoas se movem muito pouco, ficam em pé ou sentadas por bastante tempo e conservam seu lugar em um grupo até a situação se modificar. No teatro não devemos nos deslocar mais, e sim menos do que na vida. É preciso mais lógica e planejamento, pois a representação teatral deve despojar os acontecimentos do fortuito, do insignificante. Do contrário é produzida uma verdadeira inflação de idas e vindas, grandes ou pequenas, onde nada significa mais nada. O ator precisa combater em si mesmo certo nervosismo, que ele confunde frequentemente com temperamento, e resistir à tendência natural de se colocar no centro da cena e chamar a atenção do público para si com seus movimentos, quando no curso da ação sua figura não recebe mais atenção.

---

[90] Datilografado. Escrito em torno de 1951, na República Democrática Alemã, está ligado ao trabalho de Brecht no Berliner Ensemble. O arranjo (*Arrangement*) era um dos mais importantes recursos para a concretização cênica da fábula utilizados por Brecht no Berliner Ensemble.

[Dificuldades na representação de comportamentos contraditórios][91]

Nossos atores têm toda sorte de dificuldades para representar o comportamento contraditório de suas figuras. Por exemplo: têm de representar uma pessoa sincera. Em uma determinada frase, digo: "É claro que isso é uma mentira". "Mas ela é sincera", dizem. Ou sem dúvida se trata de um homem corajoso. "Agora ele está muito nervoso", digo. "Mas ele é corajoso", dizem. Ou se trata de um progressista, e digo: "Ele parece mesquinho". "Mas ele é progressista", dizem. Toda hora ouço: "não posso atuar desse jeito, isso não combina com o caráter da minha figura". Os intérpretes produzem uma imagem precipitada do caráter de sua figura e têm preconceitos deploráveis.

---

[91] Datilografado. Escrito em torno de 1954, na República Democrática Alemã, vinculado ao trabalho de Brecht no Berliner Ensemble.

[Conselhos para os atores][92]

1

Ao ensaiar, devemos tomar cuidado para não falar muito alto, porque assim se ouve muito mal. Falar alto também nos deixa confiantes e, ao ensaiar, temos de buscar com genuína incerteza pelo *Gestus* e pela entonação. Mesmo mais tarde, ao atuar, o tom, ainda que bem determinado (pela experiência, intenção, prazer), deve conter sempre alguma coisa da oferta, da proposta, da disponibilidade; poderíamos a esse respeito formar, a partir da palavra "concessivo", a palavra "processivo".[93]

2

Geralmente, com os atores do velho modo de atuar, a intenção se funde tão completamente na execução que a primeira desaparece para o espectador. Para eles, o natural, por assim dizer, é alcançado. Mas para nós o natural tem a desvantagem de não mostrar nada.

---

[92] Datilografado, nunca concluído. Foi escrito em torno de 1951 e está vinculado ao trabalho de Brecht no Berliner Ensemble.

[93] Em alemão: "[...] *man könnte dafür aus dem Wort 'nachgiebig' das Wort 'vorgiebig' bilden*".

[Dificuldades dos pequenos papéis][94]

De um jovem ator, B. disse: "só é talentoso, não tem técnica. Ainda não pode fazer papéis *pequenos*". Com isso B. chamava a atenção para a dificuldade dos pequenos papéis. Ao mesmo tempo, é claro que sabia que há talento para os grandes papéis e talento para os pequenos papéis. Ele contava sempre de Nurmi,[95] um corredor de longa distância finlandês que, certa vez, pela burrice e ganância de seu agente, participou de uma corrida de velocidade. Incrivelmente incapaz de apressar minimamente seu passo simétrico, calculado para longas distâncias, perdeu a competição.

---

[94] Datilografado. Escrito em torno de 1951 na República Democrática Alemã. A nota foi pensada para o livro *Trabalho teatral* (ver nota 55, p. 103), mas não foi publicada.

[95] Paavo Nurmi (1897-1973) foi um corredor finlandês de meia e longa distância. Entre 1922 e 1931, bateu 22 recordes mundiais. Também era conhecido como Homem Relógio, por seu hábito de correr segurando um relógio para controlar o ritmo.

O géstico[96]

Ao tratarmos do *géstico*, primeiro deixaremos de lado a *pantomima*, porque ela é um ramo separado das artes expressivas, como a atuação, a ópera e a dança. Na *pantomima* tudo é expresso sem fala, até mesmo o falar. Mas nós trataremos do géstico, que existe na vida cotidiana e é moldado na atuação.

Além disso, existem os *gestos* individuais que substituem declarações e seu entendimento é dado pela tradição, como o aceno com a cabeça afirmando (entre nós). Gestos ilustrativos como aqueles que descrevem o tamanho de um pepino ou a curva de um carro de corrida. Além disso, a multiplicidade de gestos que demonstram estados emocionais: desprezo, ansiedade, confusão etc.

Ademais, falaremos de um *Gestus*. Por *Gestus* entendemos todo um complexo de gestos individuais de diversos tipos combinados com declarações, que constituem a base de um acontecimento isolável entre seres humanos, e diz respeito à postura total de todos os envolvidos no acontecimento (condenação de uma pessoa por outras pessoas, um conselho, uma luta etc.), ou um complexo de gestos e declarações que uma pessoa em particular apresenta desencadeando determinados acontecimentos (a postura vacilante de Hamlet, a con-

---

[96] Datilografado. Redigido em torno de 1951, na República Democrática Alemã.

fissão de Galileu[97] etc.), ou simplesmente uma postura humana básica (como estar satisfeito ou esperando). Um *Gestus* traça como as pessoas se relacionam umas com as outras. Desempenhar um trabalho não é um exemplo de *Gestus*, a menos que contenha uma relação social como a de exploração ou cooperação.

---

[97] Figura central da peça *Vida de Galileu*, de Brecht.

Sobre o *Gestus*[98]

O *Gestus* total de uma peça só pode ser determinado vagamente, e não é possível indicar as questões que precisam ser colocadas para determiná-lo. Mas a postura do escritor de peças para com o seu público está sempre aí. Ele ensina? Estimula? Provoca? Alerta? Pretende ser objetivo? Subjetivo? Ele procura deixar o público de bom humor ou mau humor, ou só pretende que ele participe? Apela aos instintos? Ou à razão? Ou a ambos? Etc. etc. Além disso, temos a postura de uma época, a do escritor de peças, e aquela colocada na peça. Por exemplo: o escritor de peças é representativo? As figuras da peça o são? Então existe a distância em relação aos processos. A peça é um retrato de época ou um *interieur*?[99] Além do mais, nesta ou naquela distância, há o tipo de peça. Trata-se de uma alegoria que pretende demonstrar algo? De uma descrição desordenada de processos? Essas são questões que devem ser colocadas, mas é preciso colocar ainda mais questões. E é importante que o formulador de questões não tema respostas contraditórias, pois uma peça ganha vida através de suas contradições. Mas ao mesmo tempo ele deve tornar mais claras as contradições e não pode, por exemplo, proceder de forma confusa e vaga, com o cômodo sentimento de que, com certeza, a conta não fecha.

---

[98] Datilografado. Escrito por volta de 1951, na República Democrática Alemã.

[99] Em francês no original. Brecht está se referindo à vida privada.

Para elucidar o *Gestus* de uma cena isolada, escolhemos a primeira cena do terceiro quadro de *Mãe Coragem e seus filhos*, de acordo com duas concepções. Coragem realiza um negócio desonesto com material do exército e, na sequência, exorta a seu filho, que está no exército, a ser sempre honesto. Helene Weigel[100] fazia a cena assim: Coragem dava a entender ao seu filho que não prestasse atenção ao negócio, porque não era da sua conta. Na encenação de Munique, baseada no modelo de Berlim, Therese Giehse[101] fazia a cena assim: com um movimento de mão, Coragem acenava ao Artilheiro que, ao ver seu filho, hesitava, para que continuasse falando porque o filho podia tranquilamente assistir ao negócio. A função dramatúrgica da cena se mantém: em um *milieu* corrupto, um jovem é incitado a agir com inabalável honestidade. O *Gestus* da Coragem não é o mesmo.

---

[100] Helene Weigel fez Coragem na encenação do Berliner Ensemble de 1949, no Deutsches Theater de Berlim, que deu origem ao livro *Modelo Coragem 1949* (a respeito do livro modelo ver nota 57, p. 108).

[101] Therese Giehse fez Coragem na encenação da Münchener Kammerspieler de 1950, dirigida por Brecht, realizada a partir do *Modelo Coragem 1949*. Antes disso, também havia representado a figura na encenação suíça da peça, dirigida por Leopold Lindtberg, em 1941.

Discurso do dramaturgista
[sobre a distribuição dos papéis][102]

Os papéis são repartidos de forma errônea e impensada. Como se todos os cozinheiros fossem gordos, todos os camponeses pachorrentos, todos os estadistas imponentes. Como se todos os que amam e todos que são amados fossem belos! Como se todos os bons oradores tivessem uma bela voz!

É claro que há muito a considerar. Esse Mefisto e essa Margarida combinam com esse Fausto.[103] É difícil crer em alguns atores como príncipes; existem muitos príncipes diferentes mas, no mínimo, todos foram educados para comandar; e Hamlet é um príncipe entre milhares.

E também é necessário que os atores possam se desenvolver. Ali está um jovem que fará um Troilus[104] melhor depois de ter feito um Amstdiener Mitteldorf.[105] Falta a essa atriz a lascívia da Margarida do último ato: poderia obtê-la

---

[102] Escrito entre 1948 e 1955, quando Brecht retorna à Europa depois da derrota militar do nazismo. O discurso faz parte de um dos mais importantes escritos teóricos de Brecht, *A compra do latão*, que permaneceu inacabado. No teatro alemão, o dramaturgista é a figura que participa do trabalho de encenação como um mediador crítico entre o autor e os demais envolvidos na montagem.

[103] Personagens do *Fausto*, de J. W. Goethe.

[104] Personagem da peça *Troilus e Cressida*, de Shakespeare.

[105] Personagem da peça *Pele de castor*, do escritor alemão Gerhart Hauptmann (1862-1946).

fazendo Cressida,[106] cujas situações a exigem, ou Grusche,[107] cujas situações a excluem completamente?

É fato que para qualquer ator alguns papéis cabem mais do que outros. E, no entanto, ele corre perigo quando é enfiado em um compartimento. Só os mais talentosos são capazes de representar figuras que se parecem umas com as outras, por assim dizer gêmeas, reconhecíveis como tais e, no entanto, distinguíveis.

É tolice repartir papéis de acordo com características físicas. "Ele se parece com um rei!" O que isso quer dizer? Todos os reis se parecem com Eduardo VII?[108] "Mas ele não possui uma presença imponente!" Quantas maneiras de comandar de fato existem? "Ela parece elegante demais para fazer a Coragem."[109] Dê uma olhada nas peixeiras!

Dá para escolher pelo temperamento? Não dá. Isso também seria buscar uma saída fácil.

Sem dúvida existe gente afável e gente irascível, violenta. Mas também é verdade que qualquer pessoa possui todos os temperamentos. E quanto mais alguém é ator, mais essa frase se aplica a ele. E os temperamentos que ele está reprimindo, quando vêm à tona, produzem um efeito especialmente forte. Ademais, os papéis grandiosos (também os pequenos entre eles) possuem, além das características fortes, margem para acréscimos; são como mapas com partes em branco. O ator deve cultivar todos os temperamentos que possui, porque as suas figuras não ganham vida senão através de suas contradições. É muito perigoso dar um grande papel a alguém com base em uma única característica.

---

[106] Ver nota 104, p. 143.

[107] Figura da peça O *círculo de giz caucasiano* de Brecht.

[108] Rei da Inglaterra entre 1901 e 1910.

[109] Figura da peça *Mãe Coragem e seus filhos* de Brecht.

Iluminação clara, uniforme[110]

Para determinadas peças, entre elas *O senhor Puntila e seu criado Matti*, é recomendável iluminar a cena de maneira clara e uniforme. Desse modo, o público permanece o tempo todo consciente de que vê teatro, e não vida real, mesmo quando os atores interpretam de modo tão natural e fiel à vida que parecem fazer parte dela. A ilusão de ver a vida real sobre o palco é boa para peças nas quais o público pode acompanhar a ação sem ter que pensar muito, quer dizer, naquelas em que só é necessário pensar nas coisas em que as personagens em cena pensam. Com uma iluminação clara e uniforme, saem ganhando as peças em que se deve dar ao público o prazer de ver os nexos sociais em tudo o que as personagens fazem em cena. Assim, o público não é levado com tanta facilidade a devanear como na luz crepuscular; ele permanece desperto, mais ainda, atento. A cor e o contraste podem ser providenciados pelo cenógrafo sem o auxílio da luz colorida. Quando se trata de comédia, a iluminação clara e uniforme auxilia os atores. O cômico surte mais efeito com

---

[110] Datilografada, com correções feitas à mão. A nota provavelmente foi escrita em 1949, na República Democrática Alemã. Possivelmente foi elaborada durante os ensaios do Berliner Ensemble para a peça *O senhor Puntila e seu criado Matti*, que ainda realizava seu trabalho como companhia convidada no Deutsches Theater. A pedido de seus colaboradores, Brecht escreveu o poema "A iluminação", publicado em *Trabalho teatral* (ver nota 55, p. 103), usando esta nota como ponto de partida.

a claridade, qualquer comediante sabe disso. No caso dos acontecimentos sérios, a ausência de uma meia-luz atmosférica que cria um "clima" obriga os atores a atuarem particularmente bem de um ponto de vista artístico. E por que não deveriam ser obrigados a isso? Os atores do Globe Theatre shakespeariano contavam apenas com a austera luz da tarde londrina.

Representação do novo[111]

B.

Nossos atores — exatamente como nossos escritores, com raras exceções, entre elas Strittmatter[112] — não são capazes de representar o novo como novo. Para isso, é necessário um senso histórico que não possuem. Praticamente todos os escritores soviéticos o possuem. Veem (e tornam visível) não só as novas centrais elétricas, diques, plantações, fábricas, senão as novas formas de trabalho, as novas formas de convivência, as novas virtudes. Nada para eles é evidente. Me recordo de um episódio de *A jovem guarda* de Fadêiev.[113] A população escapa do exército nazi que impetuosamente se aproxima no começo da guerra. Em uma ponte bombardeada se apinham refugiados, carros, tropas dispersas. Um jovem soldado resgatou uma caixa com ferramentas, mas precisa partir e procura alguém a quem possa confiá-las. Para ele, é

---

[111] Datilografado. Escrito por volta de 1953, na República Democrática Alemã. O texto faz parte das notas sobre a encenação do Berliner Ensemble de *Katzgraben*, peça de Erwin Strittmatter (1912-1994) a respeito da construção do socialismo na República Democrática Alemã, realizada em 1953. A encenação foi feita no contexto da primeira conferência alemã sobre Stanislávski (ver nota 120, p. 159). Esta nota supostamente é o registro de um diálogo entre Brecht (B) e um dos seus assistentes (X).

[112] Ver nota anterior.

[113] Aleksandr Fadêiev (1901-1956), escritor russo, autor do romance *A jovem guarda*, entre outros.

impossível desfazer-se delas. Isso é descrito sem qualquer comentário, de modo que temos certeza de que presenciamos um comportamento novo, vemos um homem que antes não existia. Os nossos escritores descrevem o novo, que se produz em toda parte, como se descrevessem que chove. Nossos atores interpretam da mesma maneira.

x.

Isso não se aplica aos intérpretes que devem representar os médios camponeses e os grandes camponeses.

B.

Também. Esses homens entraram numa luta que nunca tinha se dado dessa maneira. Eles também pensam novos pensamentos e adotam novas posturas. E o ator precisa ser capaz de se assombrar com eles e fixar esse assombro na atuação, de modo que o público perceba a novidade naquilo que é novo.

O que os nossos atores estão realmente fazendo?[114]

P.

Tenho dúvidas se os atores realmente estão suficientemente a par de suas intenções, quero dizer, dos propósitos que você tem em vista para a encenação.

B.

Você vê os propósitos?

P.

Representar a vida transformada do vilarejo como parte da vida de nossa república, de modo a dar condições ao espectador de participar ativamente das mudanças.

B.

E?

P.

Fazer com que as pessoas queiram desempenhar um papel ativo.

---

[114] Datilografado. O texto faz parte das notas a respeito da encenação da peça *Katzgraben*, redigidas por Brecht em 1953 (ver nota 111, p. 147). Esta nota é um registro de um diálogo entre Brecht (B) e Peter Palitzsch (P), que foi um de seus assistentes no Berliner Ensemble.

B.

É, é necessário dizer isso. Devemos, através de nossas imagens artísticas da realidade do vilarejo, proporcionar impulsos, mais precisamente, impulsos socialistas.

P.

Podemos partir do último quadro! Ali está o sonho de construção do socialismo da juventude e o discurso de Steinert[115] contra a burrice e o preconceito. (Aprender e mudar!) Esse é o quadro do crescente bem-estar.

B.

Ou poderíamos dizer das crescentes possibilidades! Mas devemos transmitir impulsos em todos os quadros, *desde o começo*. Do contrário, os da cena final não se concretizam.

P.

No primeiro ato, ou seja, em 1947, só há dificuldades.

B.

Sim. Isso gera impulsos extraordinários. Ali, o novo camponês Kleinschmidt tem de renegar seus ideais políticos porque depende do grande camponês. O mineiro e secretário do partido Steinert é deixado de lado pelos camponeses pobres e tem que ouvir que não entende como são as coisas no campo.

P.

Isso produz que tipo de impulsos?

---

[115] Steinert é uma das personagens de *Katzgraben*. Todas as personagens mencionadas neste texto integram a peça.

B.

Se alguém observar Kleinschmidt com inteligência, pode aumentar seu desejo de se tornar sujeito e não objeto da política, de determinar a política ao invés de se deixar determinar por ela. A derrota de Steinert pode inspirar alguém a se arriscar nesse tipo de empreitada. Os melhores são atraídos por problemas, não por soluções.

P.

Um impulso também pode ser proporcionado pela observação da pequena camponesa Kleinschmidt, seu ódio contra o opressor Grossman.

B.

Esses são alguns pontos particulares, poderia salientar outros? E poderia mencionar alguns conhecimentos que nossa encenação pode transmitir?

P.

Quase me sinto um pouco desconfortável ao dissecar uma obra de arte dessa maneira. Também não é que formulamos primeiro esses pontos teoricamente e só então os realizamos em "forma artística". Isso faria de nós um laboratório de alquimista.

B.

Mas quando as perguntas emergem não as deixamos de lado, só porque a pergunta não vem acompanhada imediatamente da resposta.

P.

Mas geralmente isso é feito assim.

B.

Prossigamos então: a que tipo de opiniões nos contrapomos?

P.

Mas agora há pouco você só queria saber quais conhecimentos nós transmitimos!

B.

Sim. Só dei um passo adiante. A arte realista *luta*, e luta precisamente contra representações irrealistas. Não apenas devemos retratar como a realidade é, mas como a realidade realmente é. Comecemos com a imagem que a maioria de nosso público tem de um camponês.

P.

Começamos com o pequeno camponês Kleinschmidt?

B.

Não, assim começaríamos tarde demais. Estaríamos supondo que na visão de mundo do nosso público um pequeno camponês aparece como um pequeno camponês. Mas, de fato, aparece como camponês. Distinto de outros camponeses, é claro, devido a certas características que Deus lhe deu.

P.

Em termos físicos e mentais é lerdo, devagar, apático, e assim por diante. A burguesia liberal o desprezava por isso, o nacional-socialismo o respeitava por isso e o mitificava. Vemos pequenos, médios e grandes camponeses.

B.

Com características específicas.

P.

Derivadas de seu pertencimento de classe!

B.

E não só dele.

P.

Mas os tipos de comportamento que são importantes na prática, quer dizer, aqueles que devemos conhecer, se quisermos participar da transformação da vida social, vêm à tona, no nosso caso, na luta de classes.

B.

Claro. Agora vejamos alguns exemplos!

P.

Para começar, temos a repartição dos papéis. Você preferiu o ator Gnass ao ator Gillmann,[116] que teria feito um ótimo Kleinschmidt, para que a inventividade de Kleinschmidt não parecesse uma "excentricidade", quer dizer, uma característica dada por Deus.

B.

Um conhecimento que proporcionamos: como o progresso afeta as pessoas de forma bem diferente. A permissão dada a Elli Kleinschmidt para frequentar a escola de agronomia é vista por seu pai quase que exclusivamente como justiça para sua classe, mas sua mãe a vê quase que exclusivamente como uma injustiça para si mesma. O novo plano de cultivo não gera só aprovação no pequeno camponês pro-

---

[116] Palitzsch refere-se ao ator Friedrich Gnass (1892-1958) e ao ator Harry Gillmann (1897-1967), que na reencenação de 1954 (mais tarde filmada pela UFA) interpretou o senhor Mittelländer.

gressista Kleinschmidt, mas também resistência — contra a coerção imposta por qualquer plano. No final do quadro presenciamos uma cena que funciona como um teste de resistência dos materiais. O medo de se expor à ira do grande camponês e suas represálias econômicas o puxa em uma direção, ao mesmo tempo que o medo de abrir mão de suas novas perspectivas econômicas (uma rua na cidade) e ficar mal com a família e com os vizinhos o puxa em outra. Mas é preciso ter experiência com esse tipo de coisa para lutar bem na luta de classes. Até mesmo muitos de nossos políticos frequentemente não estão em condições de prever as consequências de certas medidas, quer dizer, todas as consequências. (E no teatro esse tipo de peça nos interpela, a todos, como políticos!)

P.

Você quer dizer que Steinert, por exemplo, negligenciou alguma coisa porque não levou em conta que, ao enviar a filha do pequeno camponês para a escola, provocaria dificuldades para a mãe. Parece que ele não falou com ela a respeito nem discutiu com ela. Por isso ela é fria com ele. ("Steinert a levou na conversa?")

P.

É estranho, mas quanto mais definimos as nossas tarefas com precisão, quanto mais clara a utilidade de nossos esforços se torna, menos tenho a sensação de que essas seriam necessariamente tarefas da arte, ou de que a natureza especial da arte se esgota na sua solução.

B.

São tarefas cuja magnitude é discutida ou ainda é desconhecida. Os temas em si mesmos ainda não inspiram ideias poéticas, não nos remetem a outros temas semelhantes. Mas o olhar para o interior dos seres humanos e o apelo feito a eles para que construam uma sociedade digna de seres humanos convêm à poesia. O âmbito dos conhecimentos e impulsos também submete a arte a uma grande e decisiva mudança, de modo que o prazer proveniente dos conhecimentos vai para além de sua utilidade, e os impulsos se tornam prazerosos da maneira mais nobre.

P.

E é isso que nossos atores estão fazendo? E eles sabem disso?

B.

Eles estão fazendo isso tão bem quanto o entendem.

O que podemos aprender, entre outras coisas, com o teatro de Stanislávski[117]

1. O senso para o que há de poético em uma peça

Mesmo quando o teatro de Stanislávski teve que fazer peças naturalistas conforme o gosto da época, dotou as encenações de traços poéticos; nunca caía na reportagem banal. Aqui na Alemanha, até mesmo as peças clássicas geralmente carecem de brilho!

2. O senso de responsabilidade perante a sociedade

Stanislávski ensinou aos atores o significado social do fazer teatral. A arte não era um fim em si mesmo, mas ele sabia que no teatro nenhum fim é alcançado a não ser por meio da arte.

---

[117] Escrito em 1951 na República Democrática Alemã. Foi publicado em *Trabalho teatral* em 1952 (ver nota 55, p. 103). Na RDA, o trabalho de Konstantin Stanislávski foi convertido em doutrina oficial no âmbito do teatro, e os diretores que se exilaram na União Soviética, durante o nazismo, defendiam o "método" como a única forma de trabalho possível. As ideias de Stanislávski ossificadas em doutrina eram frequentemente utilizadas para atacar o trabalho de Brecht e do Berliner Ensemble.

3. A atuação em conjunto das estrelas

No teatro de Stanislávski só havia estrelas — grandes e pequenas. Ele demonstrou que a atuação individual só alcança sua máxima eficácia por meio da atuação conjunta.

4. A importância da linha de ação e dos detalhes

No Teatro de Arte de Moscou,[118] toda peça possuía uma concepção bem pensada e uma abundância de detalhes sutilmente elaborados. Uma coisa não vai sem a outra.

5. O compromisso com a verdade

Stanislávski ensinou que o ator deve conhecer a si mesmo e as pessoas que quer representar o máximo que puder, e que um conhecimento advém do outro. Nada que o ator não tenha tirado da observação, ou não tenha sido confirmado pela observação, merece ser observado pelo público.

6. A harmonia entre naturalidade e estilo

No teatro de Stanislávski, a bela naturalidade estava unida ao grande significado. Como realista, nunca hesitou em representar a feiura, mas o fez com elegância.

---

[118] O Teatro de Arte de Moscou (TAM) foi fundado em 1898 por Stanislávski e Vladímir Nemirovitch-Danchenko (1858-1943).

7. Representação da realidade como cheia de contradições

Stanislávski captou a diversidade e a complexidade da vida social e soube representá-la sem se perder nelas. Suas encenações faziam sentido.

8. A importância dos seres humanos

Stanislávski era um humanista convicto e como tal indicou ao teatro o caminho para o socialismo.

9. A importância do desenvolvimento posterior da arte

O Teatro de Arte de Moscou nunca dormiu sobre seus louros. Stanislávski desenvolvia novos meios artísticos para cada encenação. De seu teatro surgiram artistas importantes como Vakhtangov,[119] que por sua vez desenvolveram a arte de seu mestre na mais completa liberdade.

---

[119] Ievgeni Vakhtangov (1883-1922). Discípulo de Stanislávski, dirigiu no Teatro de Arte de Moscou (ver nota anterior) o estúdio de estudantes a partir de 1913 e o terceiro estúdio a partir de 1921, que depois se tornou o teatro Habima. O trabalho do ator proposto por Vakhtangov, influenciado por Stanislávski e Vsevolod Meyerhold, combinava de modo bastante peculiar naturalidade e abstração, e certamente não era compatível com o stanislavskianismo oficial da República Democrática Alemã.

O *Pequeno organon*
e o sistema de Stanislávski[120]

P.

Durante a conferência sobre Stanislávski, Helene Weigel chamou a atenção para algumas semelhanças entre as exigências que Stanislávski e você fazem aos atores. Onde você vê as diferenças?

B.

As diferenças começam em um nível bastante elevado da representação realista dos seres humanos pelo ator. Trata-se de saber como a consciência do ator deve estar constituída durante a atuação, o que deve conter, o que deve acontecer nela. Até onde eu sei, Stanislávski oferece uma série de procedimentos graças aos quais o ator desativa sua consciência e pode substituí-la pela do ser humano que representa. Ao menos é assim que o sistema é compreendido pelas pessoas que atacam o *Pequeno organon*.[121] No *Pequeno orga-*

---

[120] Datilografado. Escrito em maio de 1953 na República Democrática Alemã. Nesse mesmo ano, a Comissão Estatal para Assuntos Artísticos da RDA promove a primeira conferência sobre o trabalho de Stanislávski com o tema "Como podemos nos apropriar do método de Stanislávski?". A conferência é em grande medida um acerto de contas com o trabalho teórico e prático de Brecht. Em função disso, Brecht se prepara cuidadosamente para a conferência e encena a peça *Katzgraben* (ver nota 111, p. 147), para demonstrar que poderia fazer uso do trabalho de Stanislávski em seu teatro épico. Ver também nota 114, p. 149.

[121] Logo depois que o *Pequeno organon para o teatro* foi publicado na revista *Sinn und Form* em 1949, em um número especial dedicado a

non é descrito um modo de representação no qual o ator não se funde completamente com o papel, e são expostas as razões pelas quais ele não deve chegar a isso.

P.

Na sua opinião, Stanislávski foi entendido corretamente?

B.

Francamente, não tenho condições de julgar isso direito. Poucas obras de Stanislávski foram publicadas e, durante as quatro décadas de seu trabalho teatral, mudanças significativas ocorreram, como mostram os poucos livros que foram publicados aqui por seus alunos.[122] Ao menos um elemento importante de sua teoria, a saber, aquele que foi chamado de "superobjetivo", parece indicar que ele tinha consciência do problema tratado no *Pequeno organon*. De fato, o ator aparece em cena ao mesmo tempo como ator e como figura da peça, e essa contradição deve existir em sua consciência; é ela que torna a figuração realmente viva. Qualquer dialético po-

---

Brecht, foi fortemente atacado e distorcido pela crítica partidária do realismo socialista no teatro. Entre os mais ferozes estava Fritz Erpenbeck, redator-chefe da revista *Theater der Zeit*, a mais importante revista de teatro da República Democrática Alemã.

[122] Para o seminário (ver nota 120, p. 159), Brecht se debruçou sobre toda a bibliografia relacionada a Stanislávski disponível na RDA, a saber: *Ética* (1950), *Minha vida na arte* (1951), ambos de Stanislávski; *Trabalho no estúdio com Stanislávski* (1952), de Konkordia Antarova, *Stanislávski ensaia* (1951), de Vassili Toporkov, e *O sistema de Stanislávski e o teatro soviético* (1953), de Nikolai Albakin. Além disso, Brecht estudou os artigos a respeito do trabalho de Stanislávski que saíram na série *Dramaturgia e Arte da Atuação*, organizada pelo Instituto Alemão de Teatro e pela Comissão Estatal para Assuntos Artísticos da RDA. Brecht também leu um excerto do livro *Direção: aulas com Stanislávski* de Nikolai Gorchákov, que foi publicado na revista *Theater der Zeit* em 1953. Brecht conseguiu a tradução completa do livro antes de sua publicação na RDA em 1959.

de compreender isso. Ao cumprir o superobjetivo de Stanislávski, o ator representa efetivamente a sociedade diante de
sua figura, em Stanislávski também.

P.

Mas então como se chegou a uma tal simplificação do
sistema, na qual se afirma que Stanislávski acreditava em uma
conversão mística no palco?

B.

Como se chegou a uma tal simplificação do *Pequeno organon*, na qual se afirma que ele exige pálidas criaturas de
retorta no palco, criações cerebrais esquemáticas? Acaso não
pudemos convencer a todos que Puntila e Coragem,[123] no
palco do Berliner Ensemble, são seres humanos suculentos e
de vitalidade exuberante? No caso de Stanislávski, a falsa impressão provavelmente surgiu porque ele se deparou com
uma arte do ator que, passado o seu ápice, foi rebaixada à
produção de clichês, sobretudo pelos atores medíocres. Por
isso teve de sublinhar tudo o que conduzia à criação de seres
humanos completos, reais, cheios de contradições.

P.

E quanto ao *Pequeno organon*?

B.

Ele tenta partidarizar a representação dos seres huma-

---

[123] Depois de seu retorno à Alemanha, as primeiras encenações que
Brecht realizou, com estrondoso sucesso, foram: *Mãe Coragem e seus filhos*, que estreou em janeiro de 1949 no Deutsches Theater, e *O senhor
Puntila e seu criado Matti*, que estreou em novembro de 1949. *Mãe Coragem e seus filhos* ganhou uma nova encenação quando o Berliner Ensemble já estava em seu próprio teatro, em 1951.

161

nos sobre o palco. Mas evidentemente de seres humanos, seres completos, reais, cheios de contradições.

P.

Então você acha que a diferença é mínima?

B.

De jeito nenhum. As constatações que fiz anteriormente visam apenas impedir a vulgarização do problema, e mostrar em que ponto avançado as diferenças na representação realista entram em cena. A elaboração do caráter contraditório da representação no *Pequeno organon* exige do ator uma aproximação ao papel bastante nova. As ações físicas, para usar um termo de Stanislávski, não servem apenas para construir um papel de forma realista; serão utilizadas em função do principal ponto de referência do papel, a figuração da fábula. É preciso pensar cuidadosamente a respeito disso, trata-se de um passo absolutamente essencial. É certo que dificilmente poderemos realizar essa verificação, nem sequer começá-la, se supomos aqui que se trata simplesmente de escolher entre um teatro puro sangue e um exangue. Ninguém que pretenda realizar teatro realista pode pensar assim.

DESCRIÇÃO DO TRABALHO
DOS ATORES

Diálogo sobre atuação[124]

— Os atores sempre fazem muito sucesso em suas peças. Você está satisfeito com eles?

— Não.

— Por que atuam mal?

— Não, porque atuam errado.

— E como deveriam atuar?

— Para uma audiência da era científica.

— Como assim?

— Mostrando seu conhecimento.

— Conhecimento de quê?

— Das relações humanas. Das posturas humanas. Das forças humanas.

— Certo, então devem conhecer essas coisas. Mas como devem mostrá-las?

— Apresentando-as de forma consciente. Retratando-as.

— E como eles fazem atualmente?

— Recorrendo à sugestão. Eles se colocam e colocam o público em transe.

— Dê um exemplo!

— Suponhamos que eles devam representar uma despedida. O que fazem? Se colocam num clima de despedida. Querem que o público entre num clima de despedida. Se a

---

[124] Escrito no início de 1929, na fase final da República de Weimar. Publicado no *Berliner Börsen-Courier* em 17 de fevereiro de 1929.

séance[125] vinga, ninguém acaba enxergando nada, mais ainda, não aprende nada. No melhor dos casos, todo mundo rememora. Em uma palavra: todo mundo sente.

— O que você está descrevendo é praticamente um processo erótico. Mas como ele realmente deveria ser?

— Espiritual. Cerimonial. Ritual. Espectador e ator não deveriam se aproximar um do outro, mas se afastar. E cada um deveria se distanciar de si mesmo. Senão o terror, necessário para o reconhecimento, fica de fora.

— Há pouco, você empregou a expressão "científico". Você quer dizer que quando observamos uma ameba, não nos congraçamos com ela. Não podemos nos identificar com ela. Mas o homem da ciência tenta compreendê-la. No fim das contas, consegue ao menos isso?

— Não sei. Ele quer estabelecer uma relação entre ela e outras coisas que viu.

— Então o ator não deveria tratar de que os seres humanos que representa sejam compreensíveis?

— Não tanto as pessoas como os acontecimentos, talvez. Quero dizer: quando quero ver Ricardo III,[126] não quero me sentir como Ricardo III, e sim apreender esse fenômeno em toda sua estranheza e incompreensibilidade.

— Devemos então ver ciência no teatro?

— Não. Teatro.

— Entendo: o tipo científico também tem seu teatro, como todos os demais.

— Sim. Mas hoje o teatro tem como espectador o tipo científico e, no entanto, não se dirige a ele. Isso porque esse espectador deixa sua razão, com o casaco, na chapelaria.

— Você não tem como dizer ao ator como ele deveria representar?

---

[125] Em francês no original. Aqui no sentido de sessão espírita.

[126] Personagem da peça homônima de Shakespeare.

— Não. Atualmente ele é completamente dependente do espectador, se submete a ele cegamente.

— Você nunca tentou?

— Sim. Ininterruptamente.

— Ele conseguiu?

— Sim, às vezes; quando era talentoso, ainda ingênuo, e ainda se divertia, e mesmo assim só nos ensaios, contanto que só eu e ninguém mais estivesse presente, ou seja, contanto que ele tivesse diante de si esse tipo de espectador sobre o qual eu estava te falando. Quanto mais nos aproximávamos da estreia, mais ele se afastava daquilo, mudava a olhos vistos. Isso porque pressentia que atuando desse modo não agradaria aos outros espectadores que esperava.

— Você acha mesmo que eles não iriam gostar?

— Temo que sim. Em qualquer caso seria correr um grande risco.

— Isso não poderia ser feito aos poucos?

— Não. Se eu fizesse isso aos poucos, não surgiria aos poucos algo novo para o espectador, mas aos poucos deixaria de existir algo velho! E aos poucos o espectador iria embora. Isso porque se o novo for trazido aos poucos, será trazido só pela metade, logo sem força e efeito. Isso porque não se trata de um aprimoramento qualitativo, senão de se estabelecer um novo propósito; não se trata de fazer com que o teatro cumpra melhor, a partir de agora, o mesmo propósito, mas que ele cumpra outro propósito, mesmo que mal no começo, não importa. Pois sabe o que aconteceria se introduzíssemos esse tipo de tentativa de contrabando? Simplesmente diriam que esse ator é surpreendente. Não seria sua atuação o que gera surpresa, e sim ele mesmo. Ele se tornaria "perturbador". E, no entanto, o "surpreendente" é um dos elementos marcantes dessa nova atuação. Ou o ator seria acusado de ser consciente demais e, no entanto, o estar consciente é também outro de seus elementos marcantes.

— Tentativas desse tipo foram feitas?

— Sim, algumas.

— Dê um exemplo!

— Quando uma atriz desse novo tipo fez a criada em Édipo,[127] ao comunicar a morte de sua patroa, bradou o seu "morta, morta" com uma voz pungente, totalmente desprovida de emoção, e seu "Jocasta morreu" sem nenhum lamento, mas de modo tão firme e resoluto que o fato nu e cru de sua morte exerceu um efeito mais poderoso naquele momento do que qualquer padecimento pessoal teria provocado. Não entregou sua voz ao horror, mas sim o seu rosto pois, por meio da maquiagem branca,[128] ela mostrou o efeito da morte sobre os que a presenciaram. Seu relato de como a suicida colapsou diante de seu acossador continha menos compaixão com a decaída do que o triunfo do acossador, de modo que ficaria claro até mesmo para o espectador mais sentimentaloide que aqui tinha sido tomada uma decisão que demandava o seu acordo. Em uma frase clara, ela descrevia com espanto a fúria e a aparente irracionalidade da moribunda e, no tom inequívoco de seu "e como acabou não sabemos", em uma homenagem parca mas inflexível, se recusava a dar maiores detalhes sobre essa morte. Mas ao descer os poucos degraus, dava passos tão largos que sua pequena figura parecia cobrir uma distância enorme entre o local vazio do horror e as pessoas que se encontravam na parte inferior do palco. E enquanto erguia seus braços em uma lamentação me-

---

[127] Trata-se de Helene Weigel (ver nota 149, p. 194). Ela fez o papel da criada na encenação do *Édipo* de Leopold Jessner (1878-1945) na Staatlichen Schauspielhaus de Berlim que estreou em 4 de janeiro de 1929. De acordo com a atriz, Brecht a ajudou no trabalho com o seu papel.

[128] O grande comediante Karl Valentin (1882-1948), referência importante para Brecht, recomendou-lhe que usasse a maquiagem branca para representar o medo dos soldados na guerra em sua encenação de *Vida de Eduardo II na Inglaterra*, apresentada na Kammerspiele de Munique em 1924.

cânica, simultaneamente pedia compaixão para si mesma, aquela que viu a desgraça, e com o seu sonoro "*agora* lamentem!" parecia colocar em xeque qualquer lamúria anterior, injustificada.

— E qual foi o grau de aceitação que ela obteve?

— Modesto, salvo entre os entendidos.[129] Por estarem absortos na identificação com as emoções das personagens dramáticas, quase ninguém participou das decisões intelectuais da ação, e aquela decisão colossal que ela comunicou praticamente não fez efeito naqueles que a encararam como mera oportunidade para novas emoções.

---

[129] Somente alguns poucos críticos mencionaram a atuação de Weigel na encenação, como Herbert Jhering e Max Hochdorf.

Acerca da questão do critério para julgar a atuação[130]

Entre os que acompanharam com *interesse* a encenação declaradamente épica da peça *Homem é homem* no Staats-theater, imperou um conflito de opiniões acerca do desempenho do ator Lorre,[131] que fez o papel principal. Uns acharam que sua forma de atuar, a partir do novo ponto de vista, era particularmente correta, exemplar até, enquanto outros a rejeitaram de cabo a rabo. Eu mesmo pertenço ao primeiro grupo. Para dar a devida prioridade à questão, gostaria, antes de mais nada, de assegurar, como testemunha ocular de todos os ensaios, que não foi de modo algum a falta de talento do ator que tornou sua atuação decepcionante para algumas pessoas; aqueles que sentiram falta, por exemplo, da

---

[130] Escrito em 1931, período final da República de Weimar. Foi publicado pela primeira vez no mesmo ano no *Berliner Börsen-Courier* com o título "Critérios para julgar a atuação". Em 1938 foi publicado, com ligeiras modificações, como parte das *Notas para a comédia* [*Lustspiel*] *Homem é homem*. O texto se refere à atuação de Peter Lorre como Galy Gay na encenação de Brecht nesta peça de 1931.

[131] O ator Peter Lorre (1904-1964) conheceu Brecht em 1929. Depois da ascensão dos nazistas ao poder se exilou na França, Inglaterra e Estados Unidos, onde permaneceu. A partir de 1935, passa a trabalhar sobretudo no cinema, em grandes estúdios de Hollywood. Lorre atuou sob a direção de Brecht em pelo menos quatro ocasiões: na peça *Pioneiros em Ingolstadt* de Marieluise Fleisser em 1929; em *Happy End* em 1929; em *Homem é homem* em 1931; e na versão radiofônica da peça *A Santa Joana dos matadouros* em 1932.

"força do ator para sustentar a peça" ou da sua "capacidade de se fazer entender com clareza",[132] teriam constatado facilmente suas habilidades para tanto nos primeiros ensaios. Se esses atributos que outrora identificavam um grande e habilidoso ator não estavam em evidência na encenação e deram lugar, na minha opinião, a outros atributos, de uma nova atuação, isso se deu como resultado proposital do trabalho nos ensaios. E este trabalho, e nada mais, é o que deve ser julgado e é a causa das diferenças de opinião.

Uma questão bem específica que podemos colocar é a seguinte: em que medida o revolucionamento da função do teatro pode se contrapor a certos critérios dominantes, vistos como universalmente válidos, de avaliação do ator? Para simplificar a questão o máximo possível, gostaríamos de nos limitar às duas principais objeções levantadas contra o ator Lorre que mencionamos acima: seu modo de falar, que não deixava o sentido claro, e que ele só atuou em episódios.

Supomos que a objeção quanto à forma de falar dirigia-se menos à primeira parte da peça do que à segunda, com seus longos discursos. Que são os seguintes: os argumentos contra o veredito ao ser pronunciado, as reclamações no muro antes do fuzilamento, e o monólogo sobre a identidade realizado no caixão antes do enterro. Na primeira parte, a forma de falar, que tinha sido totalmente decomposta de acordo com o gestual, não chamou muita atenção; nos longos discursos sumarizantes da segunda, a mesma forma, exatamente a mesma, não favorecia o sentido, parecia monótona. Na primeira parte não importava muito se o modo de falar que

---

[132] Em fevereiro de 1931, o crítico Herbert Jhering fez uma crítica da peça para o *Berliner Börsen-Courier* intitulada "Teatro de máscaras sobre pernas de pau", onde escreveu: "[...] Esse experimento com o ator Peter Lorre como Galy Gay não funciona, ele certamente possui a gentileza necessária para o começo, mas não possui os pré-requisitos para o endurecimento das cenas finais ou para os números de mímica: precisão, clareza e a capacidade para falar de forma inteligível e demonstrativa".

trazia à tona elementos gestuais não fosse necessariamente reconhecido (e seu efeito não fosse sentido); na segunda parte a falta de reconhecimento arruinava o efeito por completo. Por sobre e acima do significado das frases individuais, um *Gestus* básico[133] específico era trazido à tona: para se revelar, ele em alguma medida prescindia dos significados das frases individuais, mas no fim das contas esses significados eram apenas um meio para um fim. O conteúdo dos trechos era feito de contradições, e o ator deveria tentar não deixar o espectador se identificar com frases individuais e nisso se enredar nas contradições, mas *mantê-lo fora delas*. Deveria ser a exposição mais objetiva possível de um processo internamente contraditório em sua inteireza. Por isso, certas frases particularmente reveladoras foram, por assim dizer, "expostas sob os holofotes", ou seja, declamadas mais alto, e sua seleção foi praticamente um feito intelectual (é claro que esse tipo de feito também advém de um processo artístico). Foi esse o caso nas frases "Eu exijo que tudo isso acabe!" e "Choveu ontem, não choveu?".[134] Assim, as frases (ditos) não foram aproximadas do espectador, mas afastadas; o espectador não foi guiado, mas abandonado às suas próprias descobertas. As "objeções ao veredito" foram repartidas em estrofes singulares por meio de cesuras, como na poesia, para que pudesse surgir o caráter de tentativa de apresentação de vários argumentos um seguido do outro, e o fato de que esses argumentos individuais nunca progrediam logicamente foi avaliado e até mesmo explorado. Também devia dar a impressão de que aqui um homem simplesmente lia uma defesa redigida em outro momento, sem entender naquele instante o que ela queria dizer. E essa impressão também foi deixa-

---

[133] Em alemão, *Grundgestus*.

[134] Falas da cena 9 da peça *Homem é homem*, na versão posteriormente publicada em 1938.

da no espectador capaz de perceber esse tipo de coisa. No entanto, é preciso admitir que, à primeira vista, a maneira realmente brilhante como Lorre dispôs esse "inventário" podia passar despercebida. Isso pode parecer estranho. Porque em geral, e com razão, a arte de se fazer ver é considerada decisiva, e aqui se trata de algo grandioso que primeiro deve ser buscado e encontrado. Não obstante, o teatro épico tem profundas razões para insistir em tal reversão de critérios. Isso tem a ver com a refuncionalização social do teatro, que o espectador não possa ser tratado aqui da forma convencional. O teatro não deve provocar seu interesse, mas deve ser o lugar onde ele traz seu interesse para que ele seja satisfeito. (Desse modo o teatro épico nos leva a revisar nossas noções de "ritmo". Processos de pensamento necessitam, por exemplo, de um ritmo completamente diferente dos processos emocionais, e nem sempre suportam o mesmo grau de aceleração.)

Um experimento muito interessante, um filme curto que gravamos da apresentação,[135] no qual os principais pontos nodais da ação foram filmados com interrupções que traziam à tona a qualidade gestual de maneira bem abreviada, confirmou surpreendentemente bem como Lorre, justamente nesses discursos longos, conseguia transmitir o significado de cada uma das frases (agora inaudíveis) mimicamente.

Quanto à outra objeção: pode ser que o teatro épico, com sua atitude completamente distinta perante o indivíduo, simplesmente liquide o conceito de "ator que sustenta a peça". A peça não é mais sustentada por ele como antigamente. Essa capacidade do protagonista de evoluir internamente, de maneira ininterrupta e coerente, que distinguia o ator à mo-

---

[135] Foi realizada uma filmagem da apresentação de aproximadamente quatro minutos, em tempo acelerado e sem banda sonora. Atualmente ela está disponível no Arquivo Brecht de Berlim.

da antiga, não é tão importante aqui. No entanto, o ator épico talvez precise de um fôlego ainda maior do que o velho protagonista, porque deve ser capaz de representar seu tipo coerentemente apesar de — ou melhor, por meio de — interrupções e saltos. Como tudo depende do desenvolvimento, do fluxo, as fases individuais devem ser vistas claramente, ou seja, em separado, sem que isso, no entanto, ocorra mecanicamente. Trata-se de constituir um conjunto de leis inteiramente novo para a atuação (atuar contra o fluxo, deixar que a caracterização se dê na interação com aqueles com quem contracena etc.). Quando Lorre, em um momento bem específico, maquia seu rosto de branco[136] (ao invés de deixar que sua atuação seja influenciada cada vez mais "pelo que vem de dentro", pelo temor da morte), pode dar a impressão de ser um ator episódico, mas trata-se de algo bem diferente disso. Ele no mínimo contribui para tornar a dramaturgia mais conspícua. Mas é claro que é mais do que isso. O desenvolvimento da figura foi dividido muito cuidadosamente em quatro fases, para as quais quatro máscaras foram usadas (a cara de estivador — até o julgamento; a cara "natural" — até acordar depois do fuzilamento; a "página em branco" — até a remontagem após o discurso fúnebre; no final: a cara de soldado). Para dar uma ideia de como trabalhamos: havia opiniões diferentes com relação a qual fase seu rosto deveria ser maquiado (segunda ou terceira). Depois de muita reflexão, Lorre escolheu a terceira, onde ocorreria "a maior decisão e o maior esforço". Entre o medo da morte e o medo da vida, preferiu assinalar o último como mais profundo.

O esforço do ator épico para tornar certos acontecimentos entre as pessoas conspícuos (usando pessoas como *milieu*) também pode levar ao equívoco de que ele seria um ator episódico de fôlego curto, se não levarmos em conta como ele liga todos os acontecimentos individuais uns aos outros e os

---

[136] Ver nota 128, p. 168.

incorpora no fluxo geral da encenação. Ao contrário do ator dramático, que está em posse de sua figura desde o princípio e simplesmente a expõe às intempéries do mundo e da tragédia, o ator épico deixa sua figura surgir diante dos olhos do espectador pelo modo como se comporta. "O modo como se deixa recrutar", "o modo como compra um elefante", "o modo como se defende no processo" não levam a algo como uma figura única, imutável, senão a uma que se transforma o tempo todo e no seu "modo de se transformar" se torna uma figura cada vez mais definida. Isso não é tão evidente para o espectador que está acostumado com outra coisa. Quantos espectadores são capazes de se libertar da "ânsia de suspense" a ponto de perceber como o novo tipo de ator emprega diferentes tipos de comportamento em situações similares, quando ele é chamado para trocar de roupa na parede com o mesmo gesto que mais tarde também será utilizado para chamá-lo até lá para ser fuzilado? Aqui exige-se do espectador uma postura correspondente à do leitor que vira as páginas de um livro para fazer comparações. O ator épico requer uma economia completamente diferente daquela do ator dramático. (Aliás, o ator Charlie Chaplin[137] atende mais aos requisitos do teatro épico do que aos do dramático.) É possível que o teatro épico, mais do que outros tipos de teatro, requeira crédito *a priori* para chegar à sua plena vigência, e esta é uma questão que merece atenção. Talvez os acontecimentos que o ator épico representa necessitem ser previamente conhecidos. E nesse caso, os acontecimentos históricos seriam, por ora, os mais adequados. Talvez seja até mesmo

---

[137] O trabalho de Charles Chaplin (1889-1977) foi de grande importância para Brecht ao longo de toda sua vida, muitas vezes se referindo à sua personagem Carlitos como um exemplo para o ator épico. Podemos encontrar referências a Chaplin já em 1921, no seu diário de trabalho. No exílio norte-americano, Brecht conheceu Chaplin e possivelmente o influenciou em seu filme *Monsieur Verdoux* (1947).

vantajoso se pudermos comparar o ator com outros atores no mesmo papel. Se tudo isso e muito mais for necessário para contribuir para a eficácia do teatro épico, então deveria ser organizado de alguma maneira.

Descrição da primeira representação de *A mãe*[138]

A seguir, alguns exemplos do que a primeira atriz que fez a Mãe (Helene Weigel)[139] mostrou por meio da atuação épica:

1.[140] Na primeira cena, a atriz colocou-se de pé no centro do palco, em certa postura típica, e disse as falas como se estivessem escritas na terceira pessoa. Assim, ela não só não fingia que era realmente Vlassova, que realmente falava aquelas frases, mas até mesmo evitou que o espectador, por desleixo ou velho hábito, se transportasse para uma sala particular para ser uma testemunha ocular invisível e enxerida de uma cena íntima e única. Ao invés disso, apresentou abertamente ao público a pessoa que, a partir de agora e nas próximas horas, estaria assistindo em ação e sendo colocada em ação.

2. As tentativas de Vlassova de enxotar os revolucionários foram mostradas de tal modo pela atriz que era possível, prestando um pouco de atenção, entrever sua satisfação. As

---

[138] O texto foi escrito em 1932, no período final da República de Weimar. Faz parte das "Notas sobre *A mãe*", publicadas pela primeira vez em 1933, no *Versuche* nº 7 (ver nota 41, p. 81), e em 1938, no segundo volume das obras reunidas de Brecht.

[139] Ver nota 149, p. 194.

[140] A numeração corresponde às cenas da peça tratadas por Brecht; não há comentários a respeito da cena 9.

recriminações feitas aos revolucionários eram mais assustadas que raivosas, sua oferta de distribuir os panfletos estava repleta de recriminação.

3. Ao se infiltrar no pátio da fábrica, mostrava que os revolucionários tinham muito a ganhar se conquistassem uma lutadora como ela.

4. Ela recebeu sua primeira lição de economia com a postura de uma grande realista. Ela combateu seus adversários no debate com um tipo de energia amistosa, como se fossem idealistas que não querem levar a realidade em conta. Ela exige que uma demonstração não seja apenas verdadeira, mas também factível.

5. A manifestação de maio foi dita como se os participantes estivessem diante de um tribunal mas, no final, aquele que representava Smilgin sugeriu seu colapso se ajoelhando; e aquela que representava a mãe se curvava durante suas palavras finais e pegava a bandeira caída.

6. Desse momento em diante, a mãe foi representada como muito mais amigável e segura de si, exceto bem no começo dessa cena, onde parecia assustada. O elogio ao comunismo foi cantado com leveza e tranquilidade.

A cena na qual Pelagea Vlassova aprende a ler e escrever com outros trabalhadores é uma das mais difíceis para os intérpretes. A risada do espectador em algumas falas não pode desvirtuá-los de mostrar o esforço para aprender de gente mais velha e enrijecida e, assim, chegar à seriedade do verdadeiro acontecimento histórico: a socialização da ciência e a expropriação intelectual da burguesia pelo proletariado explorado e restrito ao trabalho manual. Esse acontecimento não está nas "entrelinhas", é dito diretamente. Muitos de nossos atores, quando algo é dito diretamente em cena, ficam ansiosos, e procuram imediatamente algo menos direto para representar. Eles mergulham no "inexprimível" das entrelinhas, que precisa deles. Mas esse comportamento transforma o que eles podem exprimir e exprimem em banalidades, e por isso é prejudicial.

Na cena curta "Ivan Vessovtschikov não reconhece mais o seu irmão", a atriz conseguiu transmitir que Pelagea Vlassova não acreditava numa essência imutável do professor, mas não apontava para as mudanças alcançadas.

7. Pelagea Vlassova tem de levar adiante seu trabalho revolucionário com seu filho sob a vigilância do inimigo. Ela engana o carcereiro exibindo o que pode parecer a ele a postura comovente e inofensiva de uma mãe como qualquer outra. Ela possibilita que ele sinta empatia inofensiva. Enquanto ela própria é um expoente de um tipo completamente novo de amor materno, interveniente, ainda pode lançar mão do seu conhecimento do tipo velho, ultrapassado, familiar. A intérprete mostrou que a mãe estava consciente do humor dessa situação.

8. Além disso, nessa cena a intérprete mostrou que não só ela mas também Vlassova achava graça do aspecto levemente cômico do seu fingimento. Ela mostrou claramente a convicção de Vlassova de que uma postura totalmente passiva (mas maleável) — de indignação justa — deveria ser o suficiente para fazer com que o açougueiro recuperasse a consciência de seu pertencimento de classe. Ela representou a pequena e humilde gota que transborda o copo. O "Elogio a Vlassova" (um exemplo de elogio modesto) foi recitado na frente da cortina, e a uma curta distância de onde estava Vlassova.

10. O luto da mãe por seu filho pode ser sugerido, a partir de agora, com o embranquecimento do seu cabelo. O luto

é profundo, mas apenas sugerido. E é claro que não elimina o humor. A descrição da evaporação de Deus tem de estar repleta dele.

11. O efeito da cena depende da exposição precisa da exaustão de Pelagea Vlassova. Ela tem muita dificuldade de falar em alto e bom som. Antes de cada uma de suas falas, ela recobra suas forças em uma longa pausa. Então, diz a sua fala com uma voz clara, precisa e sem emoções. Desse modo mostra sua vasta formação. A intérprete faz bem em reprimir a empatia com a figura representada.

12. Aqui, a intérprete não só se colocou contra os trabalhadores com quem falou, como também se mostrou como sendo um deles. Ela, tomada em conjunto com eles, nos dava uma imagem do proletariado na época da deflagração da guerra. O "siiim!", com o qual começou sua última réplica da cena 12, foi dito particularmente com um grande cuidado, de modo que quase se tornou o efeito principal da cena. Com uma postura curvada (como uma velha), a intérprete ergueu o queixo e sorriu, pronunciando a palavra de uma forma suave e estendida com voz de cabeça, como se ela se desse conta da tentação de largar tudo e, ao mesmo tempo, da necessidade de seguir adiante, dando o máximo de si, na situação em que o proletariado se encontrava.

13. Em princípio, a intérprete fez a propaganda contra a guerra falando curvada, apartada, com a cabeça encoberta por um lenço. Ela mostrou-a como um trabalho de toupeira.[141]

---

[141] Marx escreveu em O *18 Brumário de Luís Bonaparte*: "Porém, a revolução é radical. Ela ainda está percorrendo o purgatório. Exerce o seu mister com método. [...] E quando ela tiver consumado [...] seus tra-

De todos os traços concebíveis, ela sempre selecionou aqueles cujo conhecimento permitiria a abordagem política mais completa possível das Vlassovas (altamente individuais, únicos e especiais!), e aqueles traços que tornam possível o trabalho das próprias Vlassovas. E, desse modo, ela atuava como se estivesse diante de um grupo de políticos, sem ser menos atriz por isso, ou sem deixar a arte de lado.

---

balhos preparatórios, a Europa se porá em pé e exultará: bem cavoucado, velha toupeira!" [cf. Karl Marx, *O 18 Brumário de Luís Bonaparte*, São Paulo, Boitempo, 2011, p. 140]. O tema da toupeira também aparece na cena 5 do primeiro ato do *Hamlet* de Shakespeare.

Um velho chapéu[142]

Durante os ensaios parisienses de minha *Ópera dos três vinténs*, um jovem ator[143] chamou a minha atenção desde o começo. Ele fazia Filch, um adolescente degenerado que gostaria de abraçar a profissão de mendigo qualificado. Ele entendeu mais rápido que os demais como deveria ensaiar, a saber, cautelosamente, escutando-se ao falar, e preparando à observação dos espectadores os traços humanos que ele próprio observou nas pessoas. Não me surpreendi quando ele apareceu numa manhã sem ser chamado, com alguns dos atores principais, em uma das grandes lojas de figurino;[144] ele disse educadamente que gostaria de escolher um chapéu para o seu papel. Enquanto ajudava a atriz principal a compor seu figurino, o que demandou algumas horas, eu o observava de soslaio em sua busca por um chapéu. Ele mobilizou uma parte dos funcionários da loja de figurinos e logo estava diante de uma grande pilha de acessórios para cabeça. Depois de aproximadamente uma hora, selecionou dois cha-

---

[142] Texto escrito em 1937, durante a estada parisiense de Brecht no exílio. Foi publicado pela primeira vez no *Trabalho teatral* em 1952 (ver nota 55, p. 103).

[143] Trata-se do ator e diretor Jean Mercure (1909-1998). Foi um dos fundadores do *Nouveau Cartel* em 1958 (com Jean-Louis Barrault, André Barsacq e Raymond Rouleau) e diretor do Théâtre de la Ville entre 1968 e 1985, onde contribuiu para a afirmação da *nouvelle danse française*.

[144] Em alemão, *Kostümhaus*.

péus da pilha e passou então à realização da escolha definitiva. Isso lhe custou mais uma hora. Nunca me esquecerei da expressão atormentada em seu rosto faminto e expressivo. Simplesmente não conseguia se decidir. Hesitante, apanhou um dos chapéus e o olhou com a cara de um homem que apostou o que restava do seu dinheiro, guardado há muito tempo, numa especulação desesperada sem volta atrás. Hesitante, ele o devolveu, de modo algum como algo que nunca mais fosse pegar. Naturalmente, o chapéu não era perfeito, mas provavelmente era o melhor à disposição. Por outro lado, se era o melhor, mesmo assim não era perfeito. E apanhou o outro, sem tirar os olhos daquele que deixou de lado. Esse outro, aparentemente, também tinha as suas vantagens, só que elas se situavam sobre um plano diferente das fraquezas do primeiro. Foi provavelmente isso que tornou a escolha tão difícil. Na deterioração havia nuances invisíveis ao olho negligente; havia um chapéu ali que talvez tivesse custado caro outrora, quando novo, mas que agora estava ainda mais miserável que o outro. O chapéu de Filch outrora custou caro, ou pelo menos mais caro que esse outro? Em que medida estaria deteriorado? Será que Filch o conservou em sua decadência, tinha condições de conservá-lo? Ou era um chapéu que ele jamais usou no seu auge? Há quanto tempo foi a época de seu auge? Quanto tempo durava um chapéu? O colarinho já era, determinou em noite insone, um colarinho sujo é pior do que nenhum (Deus todo-poderoso, será mesmo?), de todo modo está decidido, o debate a respeito está encerrado, a gravata ainda estava lá, isso foi determinado também, então como seria o chapéu? Eu o vi fechar os olhos, como se dormisse em pé. Ele repassou todos os estágios do declínio, um por um. E ao reabrir os olhos, aparentemente sem um lampejo, colocou o chapéu mecanicamente sobre a cabeça, como se assim realizasse um teste, puramente empírico, e então seu olhar recaiu uma vez mais sobre o outro chapéu, deixado de lado. Sua mão o apanhou e ficou assim por um bom

tempo, um chapéu na cabeça, o outro na mão, artista dilace-
rado pela dúvida, escavando suas experiências desesperada-
mente, atormentado pelo desejo quase insaciável de encontrar o único caminho possível para representar sua figura,
para representar em quatro minutos de cena todo o destino
e todas as características de sua figura, uma fatia de vida.
Quando tornei a vê-lo, tirou o chapéu que tinha posto com
um movimento decidido, girou bruscamente sobre os calca-
nhares e se dirigiu até a janela. Olhou para a rua distraida-
mente e só depois de um tempo voltou a olhar para o chapéu,
desta vez indiferente, quase entediado. Ele o examinou à distância, friamente, com um mínimo de interesse. Então, não
sem antes olhar novamente pela janela, se aproximou despreocupadamente dos chapéus, pegou um deles, e o jogou
sobre o balcão, para ser embalado. No ensaio seguinte, ele
me mostrou uma escova de dentes velha que saía do bolso de
cima do seu casaco para dar a entender que Filch, morando
debaixo da ponte, não renunciou aos mais indispensáveis requisitos da civilização. Essa escova de dentes me provou que
o melhor chapéu que ele conseguiu arranjar não o satisfez
de modo algum.

Este, pensei contente, é um ator da era científica.

Diferenças no modo de atuar[145]
Weigel e Andreasen como senhora Carrar

A comparação entre as atuações de Weigel e Andreasen,[146] nas encenações alemã e dinamarquesa de *Os fuzis da senhora Carrar*, nos permite tirar valiosas conclusões a respeito de alguns princípios do *teatro épico*. Weigel é uma artista altamente qualificada e comunista, Andreasen uma atriz amadora e comunista. As encenações se assemelhavam em todos os pontos e ocorriam no mesmo cenário.

A questão do talento não precisa ser colocada, já que as diferenças de atuação que nos interessam também seriam constatáveis em grandes talentos mais ou menos iguais.

A atuação mais "impressionante" de Weigel, atestada por todos, podia ser atribuída a outras causas para além de seu maior talento.

Ambas as atrizes seguiram princípios épicos na medida em que renunciaram em grande parte à empatia para representar a figura e, assim, também permitiram ao público re-

---

[145] Datilografado. Escrito na primavera de 1938, no exílio dinamarquês. Brecht escreveu o texto por ocasião da encenação de *Os fuzis da senhora Carrar* em alemão, dirigida por Ruth Berlau, realizada no Borups Hojskole de Copenhague em 13 de fevereiro de 1938. Ele compara o trabalho de Helene Weigel (ver nota 149, p. 194) com o de Dagmar Andreasen na encenação de Ruth Berlau para a peça no Teatro dos Trabalhadores de Copenhague em dezembro de 1937. Ambas as encenações usavam o cenário de Heinz Lohmar.

[146] Dagmar Andreasen (1910-1991) era uma operária, militante do Partido Comunista Dinamarquês, e atriz amadora do grupo Teatro Revolucionário. Em 1973 escreveu o romance *Vida na fábrica* (*Fabriksliv*).

nunciar à empatia. A diferença, no entanto, foi a seguinte: Weigel não se tornou, por causa disso, tão desinteressante como Andreasen.

Ao contrário de Andreasen, Weigel possibilitou e forçou o público, por meio de cada postura e de cada frase, a tomar uma posição (a tal ponto que eu, sentado em meio ao público, ouvi repetidas manifestações de descontentamento com a pescadora, que falava em favor da neutralidade) ao tomar, ela mesma, posição a todo momento. O modo de atuar de Andreasen fazia com que o público acompanhasse os acontecimentos passivamente. A opinião da pescadora ("é preciso ser neutro") parecia totalmente justificada e natural em função do *milieu*, e pelo que pudemos ouvir de sua história de vida; ela, por assim dizer, não poderia ser de outro modo de forma alguma. Sua mudança de opinião por conta de uma vivência específica (o falecimento de seu filho que deixou de fora da luta, uma luta que não foi eliminada pela neutralidade) também parecia óbvia. Acompanhávamos uma peça de história natural onde constatávamos as leis da natureza em cada fase. Até mesmo as contradições detalhadas no comportamento da figura não ficavam claras: na atuação de Weigel, a neutralidade da pescadora não era plena, cem por cento. Ela nem sempre foi a favor da neutralidade, e mesmo agora não é completamente, seu gosto pela postura do filho, seus traços combativos, seu descontentamento com a postura do padre, seus traços conciliatórios, e assim por diante. A figura representada por Andreasen era muito mais passiva que a de Weigel. Aconteciam mais coisas com ela do que causadas por ela. Na atuação de Andreasen, nem mesmo a lutadora na qual a figura se converte no final era uma lutadora de um tipo específico e contraditório (uma lutadora pela renúncia da violência). Na de Weigel, a lutadora pela neutralidade se convertia em uma lutadora pela abolição da luta.

A atuação de Andreasen, portanto, não tornou a ação interessante o suficiente, de modo que sentíamos falta do que não sentíamos com Weigel, a saber, a possibilidade de se identificar com a figura e pelo menos vivenciar suas emoções de maneira intensa e duradoura. De fato, sentíamos falta da utilização das forças hipnóticas que geralmente sentimos no teatro. Sua grandiosa renúncia a esse tipo de recurso, proveniente do pudor natural e de uma bela concepção de dignidade, quase se tornou uma desvantagem. Esse modo de mostrar os acontecimentos, como naturalmente livres de contradições, parecia pedir um outro tipo de atuação, a saber, aquela sugestiva do velho teatro, se não quisermos que o interesse acabe em grande medida se perdendo.

Concluímos que Andreasen, que ainda carece da prática e da técnica, tanto do teatro velho quanto do novo, tem dois caminhos possíveis para se desenvolver: pode conquistar uma ou outra técnica. Ou ela aprende a atuar com sugestão, para praticar a empatia e forçá-la, para mobilizar emoções mais fortes, ou tornar mais clara sua posição acerca da figura representada e forçar o público a fazer o mesmo. Se deseja esta última, necessita aperfeiçoar o que sente mais ou menos vagamente até o ponto em que chega ao reconhecimento disso, para que este reconhecimento se torne um reconhecimento por parte do público. Ela precisa saber o que está fazendo e mostrar que sabe. Ao representar uma proletária, não deve apenas *ser* uma, mas mostrar o que a distingue de uma burguesa ou pequeno-burguesa. Ela deve representar as particularidades de uma proletária de maneira consciente e particular.

Diálogo sobre uma atriz do teatro épico[147]

O ATOR

Li seus escritos sobre o teatro épico. E agora que assisti à apresentação de sua pequena peça sobre a Guerra Civil Espanhola, na qual a mais proeminente atriz desse novo modo de atuar encarnou a protagonista, fiquei admirado, para ser bem sincero. Me admirou que fosse teatro de verdade.

EU

Ah, é?

O ATOR

Te surpreende que eu, depois de ler seus escritos sobre esse novo modo de atuar, esperasse algo bem árido, abstrato, em uma palavra: professoral?

EU

Na verdade, não. O aprendizado caiu em descrédito.

O ATOR

Com certeza não é considerado divertido, mas não foi só a sua exigência de que o teatro instrua que me preparou para algo que não tivesse nada a ver com teatro, mas também

---

[147] Datilografado. Escrito em 1938, no exílio dinamarquês, quando da encenação de *Os fuzis da senhora Carrar* em Copenhague (ver nota 145, p. 185).

porque me pareceu que você nega ao teatro o que faz dele teatro.

EU

O quê, exatamente?

O ATOR

A ilusão. A tensão. A possibilidade de se identificar.

EU

E você sentiu a tensão?

O ATOR

Sim.

EU

Você se identificou?

O ATOR

Não muito. Não.

EU

Não tinha nenhuma ilusão?

O ATOR

Na verdade não. Não.

EU

E mesmo assim você achou que era teatro?

O ATOR

Achei sim. Por isso fiquei surpreso. Mas não cante vitória antes do tempo. Era teatro, mas não era algo tão novo assim como eu esperava, depois de ter lido os seus escritos.

EU

Para ser novo daquele jeito não podia ter nada a ver com teatro, é isso?

O ATOR

Só estou dizendo que não é tão difícil de fazer o que você exige. Além da protagonista, Helene Weigel, atuavam amadores, simples trabalhadores que nunca tinham pisado num palco;[148] e Weigel é uma grande técnica, que claramente se beneficiou da formação no velho teatro, tão rebaixado pelo senhor.

EU

Concordo. O novo modo de atuar produz teatro de verdade. Possibilita que amadores façam teatro sob determinadas condições, quando eles ainda não aprenderam parcialmente o método do velho teatro, e possibilita que artistas façam teatro, quando esquecem parcialmente o velho modo de atuar.

O ATOR

Ah! Eu diria que Weigel mostrou técnica demais, não de menos ou o suficiente.

EU

Pensei que ela não tinha mostrado só técnica, mas o comportamento de uma pescadora frente aos generais.

O ATOR

É claro que mostrou isso. Mas técnica também. Quero dizer, ela não *era* a pescadora, ela só a representava.

---

[148] Todos os que estavam em cena eram alemães emigrados, e Helene Weigel (ver nota 149, p. 194) era a única atriz profissional.

EU

Mas ela não é mesmo uma pescadora. Ela só a representava mesmo. E isso é só um fato.

O ATOR

Claro, ela é uma atriz. Mas quando representa uma pescadora precisa se esquecer disso. Ela mostrou tudo que é digno de nota em uma pescadora, mas também mostrou que a mostrava.

EU

Entendo, ela não fabricou a ilusão de que *era* a pescadora.

O ATOR

Ela sabia muito bem o que era digno de nota. A gente via que ela sabia. Mas é óbvio que uma pescadora de verdade não sabe disso, é óbvio que ela não sabe o que é digno de nota nela. Mas quando você vê uma personagem no palco que sabe, então o que vemos não é de modo algum uma pescadora.

EU

Mas sim uma atriz, entendo.

O ATOR

Só faltava ela olhar para o público em certos momentos como se quisesse perguntar: "Estão vendo que tipo de gente eu sou?". Tenho certeza de que ela desenvolveu toda uma técnica para manter esse sentimento vivo no público, de que ela não era quem representava.

EU

Você poderia descrever essa técnica?

O ATOR

Se ela estivesse pensando em segredo, antes de cada frase, "e a pescadora então disse", ela sairia mais ou menos como saiu. O que eu quero dizer é que ela claramente falava a frase de outra mulher.

EU

Certo. E por que ela coloca em sua boca um "ela disse"? Por que colocar isso no passado?

O ATOR

Porque também estava claro que ela reproduzia algo que aconteceu no passado, quer dizer, o espectador não tinha a ilusão de que tudo se passava agora e que ele presenciava o acontecimento original.

EU

Mas é que o espectador não está mesmo presenciando um acontecimento original. Ele não está mesmo na Espanha, mas no teatro.

O ATOR

Mas a gente vai ao teatro para ter a ilusão de que está na Espanha, se a peça se passa ali. Senão para que ir ao teatro?

EU

Isso é uma exclamação ou uma pergunta? Penso que podemos encontrar motivos para ir ao teatro sem querer ter a ilusão de estar na Espanha.

O ATOR

Se é para ficar aqui em Copenhague a gente não precisa ir ao teatro e assistir a uma peça que se passa na Espanha.

EU

Você também poderia dizer que, se é para ficar aqui em Copenhague, a gente não precisa ir ao teatro e assistir a uma peça que se passa em Copenhague, não é?

O ATOR

Se você não quer vivenciar no teatro o que não pode vivenciar em casa, então não tem por que ir para lá.

Descida de Weigel à glória[149]

Não relataremos aqui como ela rematou sua arte a ponto de ser capaz não só de fazer o público chorar, quando chorava, e rir, quando ria, mas também de fazê-lo chorar, quando ria, e rir, quando chorava. Só relataremos o que aconteceu depois. Quando dominou sua arte e quis se dirigir ao maior dos auditórios, o povo, para tratar dos temas mais importantes, concernentes ao povo, perdeu, por causa desse passo, a posição que havia alcançado, e sua descida começou. Logo que apresentou a primeira de suas novas invenções, uma velha senhora do povo trabalhador,[150] de modo que pudéssemos ver claramente, em tudo que fazia, o que era em seu prejuízo e o que era em seu benefício, para um auditório que não era composto de trabalhadores, ela causou inquietação. Desde então, os mais belos e bem equipados edifícios teatrais fecharam suas portas para ela. E quando atuava em salas nos subúrbios, os poucos conhecedores de arte que a seguiam ali

---

[149] A primeira versão deste texto foi escrita à mão por volta de 1938 no exílio dinamarquês. Uma segunda versão foi redigida em 1939 para *A compra do latão*, fragmentos B130 e B131. O texto se refere à grande atriz Helene Weigel (1900-1971). Ela conheceu Brecht em 1924, durante os ensaios de *Tambores na noite*. Desde então, passou a viver com Brecht, com quem se casou em 1929. Weigel, cujas contribuições são fundamentais para a realização prática do teatro épico brechtiano, acompanhou Brecht durante todo o exílio e, a partir de 1949, tornou-se a diretora-geral do Berliner Ensemble, onde permaneceu até sua morte.

[150] Trata-se da figura Pelagea Vlassova da peça *A mãe* de Brecht.

não negavam sua arte, mas achavam que a utilizava em assuntos de pouca valia. Por isso espalharam por aí: ela deixa as pessoas frias. Os trabalhadores, que apareciam em massa, a cumprimentavam calorosamente e achavam que ela era excelente, mas não faziam tanto estardalhaço a respeito disso, estavam mais preocupados com os assuntos. Depois de se esforçar tanto para aprender a dirigir o interesse do espectador aos grandes assuntos, a saber, a luta dos oprimidos contra os seus opressores, aprendeu, não sem dificuldade, a lidar com a transferência do interesse nela — a que representa, para o assunto — o que é representado. E, no entanto, essa foi justamente a sua maior conquista. Muitos artistas conseguem, com sua arte, que os espectadores deixem de ver e ouvir aquilo que está acontecendo no mundo. Weigel conseguiu que eles ouvissem mais do que somente ela, e vissem mais do que somente ela. Pois ela não lhes mostrava só uma arte, mas muitas artes. Ela mostrou, por exemplo, que gentileza e sabedoria são artes que podem e devem ser aprendidas. No entanto, nunca foi sua intenção mostrar a sua própria grandeza, mas a daqueles que representou. Certa vez, ela ficou constrangida quando alguém, para bajulá-la, disse: "você não representou a mãe que veio do povo, você era ela". "Não", disse rapidamente, "eu a representei, e quem te agradou foi ela, não eu." E de fato, quando ela, por exemplo, representou uma mulher de pescador que perdeu seu filho na guerra civil e então se insurgiu para lutar contra os generais,[151] transformou cada momento em um momento histórico, cada frase em uma frase célebre de uma personalidade histórica. Fazia isso de modo completamente simples e natural. Essa simplicidade e essa naturalidade eram justamente o que distinguia essas novas personalidades históricas das antigas. Quando perguntaram a ela como fazia para representar o oprimido que se insurge

---

[151] Trata-se da senhora Carrar de *Os fuzis da senhora Carrar.*

e luta com tanta nobreza, respondeu: "através da mais exata imitação". Ela sabia não só provocar sentimentos nas pessoas, mas também pensamentos. E esses pensamentos que provocava eram inteiramente prazerosos para elas, uma satisfação, ora forte, ora suave.

Mas agora falarei dos trabalhadores que vinham assisti-la. Os conhecedores de arte não vinham mais, os policiais vieram em seu lugar. As verdades para as quais emprestava sua voz e sua clareza intimaram o judiciário, que está aí para combater a justiça. Desde então, ia parar frequentemente em uma cela policial depois das apresentações. Foi por volta dessa época que o pintor de paredes[152] chegou ao poder e ela foi obrigada a emigrar. Ela não sabia nenhum outro idioma como aquele que ela sabia como ninguém. Assim atuou, raras vezes, em pequenas trupes compostas por trabalhadores, depois de poucos ensaios, para outros refugiados. Passava o resto do tempo ocupada com a labuta doméstica e criando os filhos em uma pequena casa de pescadores, bem longe de qualquer teatro. Seu empenho em atuar para muitos a levou a uma situação em que só podia atuar para muito poucos. Quando ainda entrava em cena, só o fazia em peças que mostravam os horrores do tempo e suas causas. Os perseguidos que a assistiam esqueciam de suas preocupações, mas nunca das causas de suas preocupações. E saíam das apresentações sempre fortalecidos para sua luta. Isso se dava porque Weigel lhes mostrava sua própria sabedoria e sua própria bondade. Ela aperfeiçoou sua arte cada vez mais, e levou sua arte, cada vez mais significativa, a profundidades cada vez mais profundas. E assim, quando renunciou completamente e perdeu sua glória de antigamente, começou sua segunda glória, em-

---

[152] Uma das formas satíricas pelas quais Brecht chamava Adolf Hitler, fazendo alusão às suas aspirações frustradas de se tornar pintor. Também faz alusão ao programa de reforma de casas, pintura incluída, para acabar com o desemprego proposto por Hitler em 1º de maio de 1933.

baixo, existindo nas mentes de poucas pessoas perseguidas, em um tempo em que muitas foram perseguidas. Ela estava bem contente: seu objetivo era ser enaltecida pelos de baixo, quanto mais deles melhor, mas também só por esses poucos, caso não pudesse ser de outra maneira.

Aqui ela nos ofereceu um desempenho exemplar de uma proletária, na qual o proletariado era representado como célebre, não sacrificando nem a imagem ideal ao realismo, nem o realismo à imagem ideal, como muitas vezes acontece. Ela mostrava os governados como capazes de governar, os maltratados como criativos. O que havia de estiolado nessas pessoas aparecia como estiolamento, mas qualquer um podia ver o que havia estiolado: algo de florescente, radiante. Era como se alguém desenhasse uma árvore mutilada pelas circunstâncias (solo estéril, muros de edifícios, maus-tratos de todos os tipos) e, simultaneamente, desenhasse ao lado a árvore num tipo diferente de traço, mostrando de que forma ela teria crescido sem nenhum desses obstáculos, para que a diferença pudesse ser vista. Só que essa imagem é falha, porque não reproduz o modo como ela mostrava os esforços de sua proletária para modificar as circunstâncias desfavoráveis. Ela transmitia a impressão de nobreza representando o esforço pelo que é nobre, e a impressão de bondade representando o esforço em melhorar o mundo. E todos esses penosos esforços eram transmitidos com a leveza do mestre que retrata os esforços de seus anos de aprendizagem: na repetição, como bem-sucedidos no final. Ela não pedia aos opressores que tivessem compaixão pelos oprimidos, mas que os oprimidos confiassem em si mesmos.

A pedra começa a falar[153]

Quando a muda Kattrin[154] começa a bater o tambor no teto do celeiro para despertar a cidade de Halle, uma grande transformação tinha se produzido nela fazia tempo. A jovem amigável e cheia de vida que vimos partir para a guerra na carroça de Coragem tornou-se uma criatura machucada, não sem maldade. Ela também mudou muito fisicamente, seu rosto nem tanto, cuja inocência ganhou simplesmente algo de infantil, mas todo o seu corpo tornou-se pesado e disforme. Ela se ajoelha com os camponeses que rezam em frente, na rampa, um pouco atrás da camponesa, quando ela lhe lança a informação, por cima do ombro, de que os filhos pequenos de seu cunhado também estariam na cidade ameaçada. Nada transparece em seu rosto, um espelho que se tornou opaco, que há tempos perdeu a capacidade de mostrar claramente o que quer que seja. Ela simplesmente rasteja para trás, até ficar longe dos que rezam. Então corre silenciosamente até a carroça e agarra o tambor que estava pendurado nela, como

---

[153] Escrito no outono de 1951, na República Democrática Alemã. Foi publicado em *Trabalho teatral* em 1952 (ver nota 55, p. 103). O texto foi escrito após a encenação de *Mãe Coragem e seus filhos*, que estreou em setembro de 1951 sob a direção de Brecht no Berliner Ensemble. O título do texto faz alusão à Bíblia, Lucas 19, 40: "Ele, porém, respondeu: 'Eu vos digo, se eles se calarem, as pedras gritarão'". Cf. *Bíblia de Jerusalém*, São Paulo, Paulus, 2002, p. 1823.

[154] Representada pela atriz e diretora Angelika Hurwicz (1922-1999), integrante do Berliner Ensemble entre 1949 e 1958.

se estivesse em oferta. É o tambor que sua mãe encontrou anos atrás, entre outras mercadorias recém-compradas, e que defendeu tão obstinadamente contra os mercenários saqueadores que acabou recebendo a ferida sobre o olho que a desfigurou. A muda o desamarra, o pendura nas costas, desliza até o celeiro, arregaça as saias longas e sobe no telhado. As pessoas silenciam, a pedra decide falar.

(A atriz mostra a pressa da salvadora, mas também como ela realiza tudo como um trabalho absolutamente prático. Muitos esconderiam do público o arregaçar de saias, embaixo, perto da escada, esquecendo que ela impedia a escalada não só da atriz, mas também da muda.)

Sobre o telhado (na escalada, a atriz conservou a falta de jeito de sua primeira escalada), ela olha para onde supomos que esteja a cidade adormecida e começa a bater o tambor sem demora. Segura as baquetas com as duas mãos e bate em dois tempos, colocando o acento como na palavra "violência".[155] Os camponeses, arrancados de sua prece, se levantam em um sobressalto, o camponês corre até ela, atrapalhado por seu reumatismo, a muda coloca a escada sobre o telhado, desajeitadamente, e continua a bater o tambor.

(A partir de agora, a atriz, agoniada, divide sua atenção entre a cidade, que demora muito para despertar, e as pessoas da fazenda que a ameaçam.)

Abaixo, o camponês agachado procura pedras para jogar na tocadora de tambor. A camponesa a xinga e implora para que ela pare ("Você não tem dó, não tem coração?"). A tocadora de tambor lança um olhar frio nos medrosos lá embaixo e volta-se de novo para a cidade, que aparentemente ainda não acordou. (Aquele que se compadece por muitos não pode se compadecer por uns poucos.)

Os mercenários voltam correndo. O alferes ameaça os camponeses com o sabre em punho. Eles se ajoelham mais

---

[155] Em alemão, *Gewalt*.

uma vez, como se estivessem diante de seu deus. Os mercenários oferecem um acordo à estrangeira. Supondo que ela
faz barulho porque teme por sua mãe na cidade, prometem
poupá-la. A tocadora de tambor parece não entender ou não
acreditar no que grita o mercenário. O alferes avança. Bate
no peito e lhe dá sua palavra de oficial. A muda ergue mais
as baquetas, mais do que antes, e depois de uma minúscula
pausa, mostra que escutou e pensou no caso. Ela continua a
bater o tambor, mais alto do que antes. (A atriz utiliza o pequeno incidente para uma demonstração da muda: ela não
acredita em palavra de honra de carniceiros.)

O alferes se detém. A muda o desacredita perante os
seus. Ele sabe que agora estão zombando de si enquanto não
está olhando. Mas o camponês corre espontaneamente em
busca de um machado e golpeia uma canga de bois, para aba-
far o barulho do tambor com um "ruído pacífico". A muda
olha para ele lá embaixo, por sobre o ombro, e aceita a competição de barulhos, que dura um tempo. Então o alferes ace-
na furiosamente para que pare. Não adianta nada. Ele corre
até a casa da fazenda em busca de um tição para defumar a
tocadora de tambor como um presunto. A camponesa abandona sua reza mecânica e se joga na frente da porta da casa:
"Isso não vai adiantar nada, seu Capitão, se eles virem o fogo da cidade, descobrirão tudo". Uma coisa extraordinária
acontece. A muda, sobre o telhado, escutou a camponesa lá
embaixo e agora ri, ela vira o rosto para a frente e ri.

(Duas cenas antes, a atriz fizera Kattrin rir do mesmo
modo. Antes de sua tentativa de fuga, olhando outra vez o
acordo malicioso entre a saia da mãe e a calça do cozinheiro,
mostrou a risada inquietante, a mão sobre a boca. A risada
de agora apaga aquela risada.)

O alferes explode de raiva. Manda um mercenário buscar um mosquete. A camponesa também tem uma ideia. "Já
sei", grita, apontando traiçoeiramente para a carroça, "se fi-
zermos a carroça em pedaços, ela vai parar; a carroça é a úni-

ca coisa que ela tem". Um mercenário obriga a pontapés o filho do camponês a golpear a carroça com uma tábua. A muda olha, desesperada; ela agora profere sons de lamento. E continua a bater o tambor. (E a atriz sabe que se a muda retomasse com o tambor um segundo antes que fosse, a verdade seria prejudicada. A camponesa tem razão, a carroça é tudo, quanta coisa já foi sacrificada por ela!)

Agora, a tocadora de tambor já começa a se cansar, bater tambor também é um trabalho; vemos como é difícil para ela erguer os braços com as baquetas. Os dois tempos se confundem. Ela olha para a cidade sequiosa e apavorada, inclinando-se para a frente com a boca aberta, o que lhe dá um ar de idiota. Ela começa a duvidar de que em algum momento a cidade a escutará. (Até agora, a atriz outorgou a todos os seus movimentos algo de desajeitado. É preciso reconhecer: o mais desamparado é quem está pronto para ajudar. Agora está totalmente desconcertada.) A desesperada está tentada a parar. O filho do camponês joga a tábua fora de repente e grita: "continue, senão estaremos todos perdidos!", e o mercenário crava sua lança nele. Ele será espancado até a morte. A muda é esmagada por um soluço seco, realiza movimentos hesitantes e agitados com as baquetas antes de voltar a bater o tambor. O mercenário volta com o mosquete. Ele o apoia sobre um forcado, mira o teto. ("Pela última vez, pare de bater!") A muda se inclina para a frente, para com o tambor, olha o cano do mosquete. No maior dos apuros, seu pálido rosto infantil volta a expressar alguma coisa: o pavor. Então, em um movimento ao mesmo tempo poderoso e exausto, ergue os braços com as baquetas e continua batendo, soluçando ruidosamente. O mercenário abre fogo, o projétil a atinge justo quando ergueu ambos os braços para o alto. Ela cai para a frente. Ela ainda bate uma vez mais, a segunda e última batida se realiza porque o outro braço despencou. O silêncio impera por um instante, em meio ao qual o alferes diz: "finalmente acabou o barulho". Então, os canhões da cidade,[156] ela não os escuta mais, sucedem as batidas de tambor. A cidade a escutou. (A atriz, mostrando uma postura heroica, mostrou a maneira particular pela qual ela a desenvolve em sua figura: uma valentia que sobrepuja o medo.)

---

[156] Na referida peça são sinos.

A embriaguez de Puntila[157]

O principal problema com o qual o intérprete de Puntila se depara é a representação da bebedeira, que corresponde
a nove décimos do seu papel. Seria repulsivo e inconveniente
se ele colocasse o número convencional da bebedeira em cena, quer dizer, se mostrasse o estado de intoxicação que bor-
ra e oblitera todos os processos físicos e mentais. Steckel[158]
representava a bebedeira especificamente puntiliana, a saber,
aquela pela qual o proprietário rural adquiria aparência humana. Longe de mostrar as habituais dificuldades de fala e
de movimentação corporal, mostrou uma fala com uma vi-
vacidade quase musical e movimentos relaxados, quase de

---

[157] Escrito em 1951, na República Democrática Alemã. Publicado
em *Trabalho teatral* em 1952 (ver nota 55, p. 103). O texto trata sobretudo do trabalho de atuação de Leonard Steckel (1901-1971), que representou o senhor Puntila nas encenações de *O senhor Puntila e seu criado Matti* em 1948, na Suíça, e em 1949, no Berliner Ensemble, ambas dirigidas
por Brecht.

[158] O ator e diretor Leonard Steckel participou como ator em alguns
dos mais avançados experimentos teatrais da República de Weimar (des-
tacamos aqui os trabalhos com o diretor e adaptador de textos Erwin Piscator, como *Hoppla, wir leben!* na Volksbühne). Depois da tomada do
poder pelos nazistas, Steckel se exilou na Suíça onde fez carreira como diretor de teatro, encenando, entre outras peças, *A boa alma de Setsuan* de
Brecht em 1943. Depois da guerra, trabalhou em inúmeros teatros nas
duas Alemanhas. Ao longo de sua carreira também realizou diversos trabalhos no cinema.

dança. É certo que algumas limitações foram impostas à sua inspiração pelo peso de seus membros, que não davam conta dos movimentos celestiais planejados. Asas, ainda que ligeiramente danificadas, o levaram ao monte Hatelma.[159] Cada um dos *Gestus* da fera na bebedeira, da mansidão, da ira frente à injustiça, da generosidade ao dar e receber, da camaradagem etc., foram preparados com gosto. Puntila renunciou às suas posses como um Buda, renegou sua filha de modo bíblico e convidou as mulheres de Kurgela para se hospedar como um rei homérico.

---

[159] Em alemão, *Hatelmaberg*. Montanha mencionada na peça *O senhor Puntila e seu criado Matti*.

A concepção básica de Giehse[160]
[em *Vassa Geleznova*]

Como toda atriz genial, Giehse[161] elaborou uma concepção que dizia respeito à encenação como um todo. Para produzir o retrato grandioso da capitalista Geleznova, ela precisava do apoio da direção na configuração das outras figuras. Ela o recebeu magistralmente de Berthold Viertel.[162]

---

[160] Escrito em 1951, na República Democrática Alemã. Publicado em *Trabalho teatral* em 1952 (ver nota 55, p. 103). A peça de Maksim Górki *Vassa Geleznova* é a segunda peça realizada pelo Berliner Ensemble sediado no Theater am Schiffbauerdamm. Estreou em dezembro de 1949, foi dirigida por Berthold Viertel e Therese Giehse fez o papel título. Brecht escreveu três textos a respeito da encenação publicados neste volume: "A concepção básica de Giehse [em *Vassa Geleznova*]", "A morte" e "A concepção básica de Giehse [em *Pele de castor* e *Galo vermelho*]".

[161] Brecht começou a trabalhar com Therese Giehse em 1929 na *Ópera dos três vinténs* em Munique, quando ela representou Celia Peachum. Depois disso, a atriz participou de inúmeras estreias de peças de Brecht: na Schauspielhaus de Zurique fez Coragem em *Mãe Coragem e seus filhos* em 1941; Mi Tsu em *A boa alma de Setsuan* em 1943; Schmugleremma em *O senhor Puntila e seu criado Matti* em 1948. No Berliner Ensemble, como atriz convidada, fez Vassa Geleznova na peça homônima de Górki em 1949; Mãe Wolffen e Senhora Fielitz em *Pele de castor* e *Galo vermelho* de Gerhart Hauptmann em 1951; Marthe Rull em *A bilha quebrada* de Kleist em 1952 (na qual também fez contribuições como diretora). Além disso, fez novamente Coragem em *Mãe Coragem e seus filhos* na encenação de Brecht na Münchener Kammerspiele em 1950.

[162] Berthold Viertel (1885-1953). Diretor de teatro, teórico e escritor. Com a ascensão do nazismo em 1933 se exilou em diversos países eu-

Geleznova tinha que ser a personalidade mais forte, a mais dotada intelectualmente, a mais imponente de uma ninhada de parasitas decadentes. Mas tudo dependia, no entanto, de que a base social dessa decadência do marido, do irmão e da filha ficasse bem visível. Era necessário que a matriarca — era assim que Geleznova se intitulava — tivesse corrompido e desumanizado a todos, a família inteira. Por meio da sua capacidade, talento organizativo, de sua energia impiedosa, possibilitou à sua família a ociosidade, a devassidão, o poder que corrompe. Outra personalidade forte a enfrenta, vinda de outro mundo, sua nora Raquel, a revolucionária. Giehse queria que Geleznova fosse de tal modo que o espectador pudesse pensar que ela poderia muito bem, em outras circunstâncias, criada em outro *milieu*, ocupada com outros pensamentos, ter trilhado outra via, a via revolucionária. E ela trata a nora como se uma simples substituição pudesse aí ser pensável, como se agora a nora também pudesse ser convertida à via de Geleznova, como se Raquel pudesse, com sua eficácia, seu talento organizativo, sua energia, se tornar uma capitalista. Naturalmente isso é um erro. Que a destrói.

A representação de Geleznova de Giehse é dialética e esclarecedora. Nas representações não dialéticas, formalistas, só o exterior de uma figura é reproduzido, e o resultado é algo estereotipado, inanimado. O ator realista, com sua arte, possibilita ao espectador uma visão profunda da natureza humana, como a do investigador científico a respeito do seu objeto.

---

ropeus e depois nos Estados Unidos. Regressou à Europa em 1947. O único trabalho realizado por Viertel no Berliner Ensemble foi a encenação de *Vassa Geleznova* em 1949.

A morte[163]

Ela retornou de suas negociatas, suas maracutaias, seus cambalachos. Trapacear é exaustivo. Ela está "esgotada", o coração! Uma orgia aconteceu no salão, no mais íntimo círculo familiar, isso a enojou. Ela brigou com a filha, eternamente bêbada, apesar de se sentir mal, o coração! Então discutiu com a nora, a revolucionária, e por conta disso a morte começou. Deu um gole no chá quente, e ainda não tinha notado. Ela gritou para a nora ("Estou com saúde, o negócio está firme em minhas mãos"), um pouco forte demais, o coração, um gole de chá, um pouco ávida demais, sentia frio, mas o chá ainda estava muito quente; ela o soprou e provou, ainda estava muito quente, ela engoliu assim mesmo, era uma verdadeira orgia com chá, que não reanimava para valer. Agora ela se sentia muito mal, se levantou com dificuldade, mal pôde chegar à escrivaninha, isso já havia sido uma marcha e tanto, custosa, o coração! Mas ainda havia negociatas a serem resolvidas. Ela tinha que convencer a governanta a ir à polícia, naquela hora da noite, e delatar a sua nora. Agora, finalmente tinha chegado a hora de ter um pouco de tranquilidade, sentada junto à escrivaninha, é hora de se despedir. Lhudmila chega para levá-la para jantar. Essa "um pouco tonta", que ainda brinca como uma menina de onze anos, a menina dos olhos. A conversa é brincalhona ("Você gosta de comer, não é?" — "É, eu gosto muito de comer"). Lhudmila

---

[163] Ver nota 160, p. 205.

se senta perto da mãe sobre o tapete, pega suas mãos, se balança. Então vai comer sozinha, a mãe só toma chá de framboesa para o coração, depois irá dormir. Mas quando Lhudmila parte, isso será uma despedida. Agora, Vassa se dá conta de que esse infarto não é como os anteriores, que agora começa algo de novo, algo, muito, mas muito mais grave, que agora vai morrer. Em situações difíceis, as personalidades que dirigem o mundo dos negócios tomam as suas providências. Ela se levanta sem demora, o que não é pouca coisa, e se põe em marcha pelo escritório, até o cofre, até o telefone, agora não se sabe bem para onde. A marcha é executada em passinhos curtos, passinhos bem calculados, com uma postura particularmente ereta e visivelmente soberana. A tabuinha sob o telefone pendurado na parede, por meio do qual é possível estabelecer uma ligação com o mundo exterior, o mundo dos policiais, dos funcionários e médicos, oferece outro bem-vindo ponto de apoio que deverá ser plenamente aproveitado como os demais. (Tudo deve ser explorado ao máximo.) Então acontece. Piatiórkin, o servo, bêbado, se encontra sob as plantas verdes do jardim de inverno ao fundo. Ele toca a guitarra que segura, ela escuta o barulho rascante, se vira e o vê mostrando a língua. "Vade retro, Satanás!" Satã se arrasta para fora, que susto, um susto não é bom, o coração! A marcha deve prosseguir, no mais completo isolamento, com todas as suas últimas reservas. O objetivo é a poltrona ao fundo. A marcha da morte se dirige até a poltrona. Tem que se arrastar a si própria até ali, é demais, é um corpo potente, imponente, muito, mas muito pesado, um império em si, uma classe inteira, muito, muito difícil de deslocar, quase não manobrável, e a marcha prossegue sobre gelo fino, é preciso tomar o mais extremo cuidado. Mas já caminhamos sobre o gelo, embora não fosse fino nem estivesse nesse estado. Alcançará a poltrona? Não alcançará? É alcançada. Ela a alcança, senta-se e morre.

O minueto desobediente[164]

Majora Von Berg submete o candidato Läuffer a uma prova para ver se ele está apto a ser o preceptor de seu filho Leopold. Majora se senta na espineta, Leopold capturando moscas no apainelamento do fundo, Läuffer na ribalta da esquerda baixa respondendo com ávidas mesuras às solicitações rapidamente recitadas, que Majora aparentemente já dirigiu a uma legião de preceptores. Ele afirma um pouco rouco que teve "mais de cinco" professores de dança na vida. Majora exige uma apresentação do minueto. Ela começa a golpear as delicadas teclas imediatamente. Läuffer não está pronto, por um momento parece que não pode dançar em absoluto, mas então fica claro, é o embaraço, só precisa de uns segundinhos para colocar os pensamentos em ordem. Em uma posição muito ereta, com os punhos apoiados nos quadris, executa alguns passos completos ao longo da ribalta, erguendo bem alto suas pernas e repartindo o espaço disponível cuidadosamente para a figura coreográfica. Sua cabeça parece meio torcida, atarraxada sobre seus ombros. É como se pisasse em ovos, mas há algo de desafiador na posição de seu ombro, dá passadas como um tigre adestrado, com um

---

[164] Escrito em 1950, na República Democrática Alemã. Publicado em *Trabalho teatral* em 1952 (ver nota 55, p. 103). O texto se refere ao trabalho do ator Hans Gaugler, que fazia o papel de Läuffer na encenação da versão brechtiana de *O preceptor*, de Jakob Lenz. A peça foi encenada em 1950 pelo Berliner Ensemble, dirigida por Brecht e Caspar Neher.

garbo selvagem. No meio da rampa ele dá uma virada e, voltado para Majora, executa um cumprimento extremamente elaborado, como se tivesse um balé inteiro à sua disposição. Majora parece satisfeita. ("Bom, pode dar certo.") A prova é organizada diante dos olhos do jovem senhor que, entendiado, volta-se uma vez mais à caça às moscas. Läuffer saca seu lenço e seca o suor frio da testa: acha que o pior já passou. Mas Majora ainda está sedenta de suor frio. "Agora mais um *pas*, quando queira." Com a cara distorcida vemos, pois Gaugler[165] vira o rosto para trás, que Läuffer realiza mais um *pas*. Depois ele fica completamente exausto. No entanto, Majora, entusiasmada, toca para ele um minueto misericordiosamente, sentando a mão na espineta, por assim dizer. Läuffer, depois de se recompor rapidamente, caminha até a espineta com amplos passos elásticos, limpando o suor da testa sem parar, para ali expelir um profundo e animalesco ruído de encantamento e curvar-se avidamente sobre a mão carnuda de Majora. O que dá sentido à cena é a habilidade de Gaugler em apresentar a vitalidade brutal e rebelde de Läuffer, nascido entre os de baixo, amarrada na bota da etiqueta feudal. O germe da tragicomédia foi sugerido assim.

---

[165] O ator suíço Hans Gaugler (1913-1997) iniciou sua carreira na Alemanha nazista. Depois da guerra voltou para a Suíça. Lá conheceu Brecht quando participou da encenação realizada em Chur da versão brechtiana da *Antígona* de Sófocles, em 1948. Foi integrante do Berliner Ensemble entre 1949 e 1950. Depois retornou à Suíça e realizou diversos trabalhos como ator, diretor e professor de teatro.

A concepção básica de Giehse[166]
[em *Pele de castor* e *Galo vermelho*]

Quando Giehse representa na mesma noite a mãe Wolf-fen em *Pele de castor* e a senhora Fielitz em *Galo vermelho* faz algo muito audaz: renuncia para sua lavadeira à aprovação complacente e impensada na primeira peça, e à compaixão que poderia obter na segunda peça. Provoca sentimentos contraditórios no espectador. Tinha acabado de rir de vigarices inofensivas e agora deve examinar um crime que prejudicou profundamente outras pessoas, perpetrado por uma vigarista que já morava em seu coração. Festejava um roubo de peles porque, contra uma polícia idiota e tirânica, ficava ao seu lado, e agora tem que vê-la ao lado da polícia contra um socialista. Parece se rebelar, na primeira peça, contra a sociedade apodrecida; na segunda a aparência se dissipa, pois se depara com um verdadeiro adversário da sociedade apodrecida, o trabalhador Rauert. Um ator necessita de independência intelectual absoluta e maestria técnica quando precisa se posicionar contra uma figura simpática; pois ele deve continuar contentando o espectador. Giehse desenvolveu a figura — de vigarista a criminosa — e ao mesmo tempo os sen-

---

[166] Escrito em 1951, na República Democrática Alemã. Publicado em *Trabalho teatral* em 1952 (ver nota 55, p. 103). Brecht elaborou uma combinação das duas peças de Gerhart Hauptmann, *Pele de castor* e *Galo vermelho*, que estreou no Berliner Ensemble em 24 de março de 1951. Na peça, dirigida por Egon Monk, Therese Giehse representava a mãe Wolf-fen e a senhora Fielitz.

timentos e pensamentos do espectador. Tem que explorar essa circunstância plenamente, pois as duas peças contêm situações similares; só assim é possível tornar visível o desenvolvimento de Wolffen. No primeiro ato, Wolffen tem que convencer o relativamente honesto, e em todo caso inofensivo, Julius Wolff a "surrupiar". O público não pode desejar seu êxito. No quarto ato, ela tem de convencer o informante da polícia Fielitz a provocar um incêndio criminoso. O espectador não pode desejar que ela seja bem-sucedida, e isso, para complicar a situação, por simpatia com o informante da polícia! Ela triunfa, na investigação policial do segundo ato, sobre o rentista que perdeu madeira e peles: o público celebra. Ela triunfa, no quarto ato, sobre o trabalhador Rauert, manipulando seu filho mentecapto para que provoque um incêndio criminoso no manicômio: o espectador se revolta. No começo, há uma negociação dura sobre um cervo caçado: o espectador pode admirá-la. No final, uma negociação com o pai do prisioneiro: o espectador deve desprezá-la. Ela chega a uma reconciliação com o rentista roubado no terceiro ato, o que não ocorre com o trabalhador Rauert no sexto: o espectador aprova as duas coisas. A audiência no tribunal se torna uma cena-chave; nela, Giehse emprega a mais alta maestria. Desta vez Wolffen foi longe demais com seus planos. Sua velha confiança desaparece, ela comete um erro terrível: insinua que Rauert, por animosidade política para com seu marido, o velho informante, levou seu filho mentecapto a provocar o incêndio criminoso. Seu "Eu sei bem que o senhor é um vermelho!", ela o profere depois de uma luta mental visível, e vemos, aterrorizados, uma sublime mescla de acusação brutal (veja como me custa essa acusação contra um semelhante) e o temor da fera de dar um passo em falso. É um passo em falso. Wolffen, que vivia de sua popularidade junto a todos — Giehse representa esse sentimento vitorioso de ser querida por todos com charme e crítica — morre devido à sua impopularidade. A morte de Wolffen suscita pouca compaixão. Giehse alcança isso porque deixa que a incendiária sinta pena de si mesma. O "se almeja... se almeja alguma coisa!" da moribunda soa oco.

Sobre A mãe

O ator popular Ernst Busch[167]

Há algumas décadas, a representação de pessoas associais (negativas do ponto de vista social) por nossos atores tem sido mais bem-sucedida e geralmente provoca mais interesse que a dos heróis. Atores e público parecem preferir Mefisto a Fausto,[168] Ricardo III a Próspero.[169] E em nosso século, naquilo que diz respeito às classes, público e atores parecem ser muito menos capazes de lidar com o proletário do que com o burguês. E o fato de que público e atores sejam burgueses ou proletários parece não desempenhar nenhum papel.

Até onde posso ver, a interpretação feita por Ernst Busch[170] de Semion Lapkin é a primeira grande representação

---

[167] Escrito em 1951, na República Democrática Alemã. Publicado pela primeira vez em *Trabalho teatral* em 1952 (ver nota 55, p. 103). Ernst Busch atuou em *A mãe* em duas ocasiões. Na primeira encenação da peça em 1932, quando interpretou Pavel, e na encenação do Berliner Ensemble em 1951, quando interpretou Lapkin, ambas dirigidas por Brecht.

[168] Fausto e Mefisto são personagens do *Fausto* de J. W. Goethe.

[169] Ricardo III e Próspero são personagens das peças *Ricardo III* e *A tempestade* de Shakespeare.

[170] Ernst Busch (1900-1980) foi ator e cantor. Realizou inúmeros trabalhos com Brecht desde 1929. Exilou-se na União Soviética em 1935. Em 1937 lutou na Guerra Civil Espanhola e depois foi para a Bélgica. Lá é preso e enviado a um campo de prisioneiros onde permanece entre 1940 e 1943. Depois de uma tentativa de fuga, é entregue à Gestapo e fica deti-

de um proletário com consciência de classe no palco alemão. Já vi outros atores bem em papéis similares, e o próprio grande ator popular em outros papéis desse tipo, mas até agora nunca vi nada dessa magnitude.

Semion Lapkin não é um papel principal. A figura carece de vida privada, e até mesmo as situações políticas são escassas, e nenhuma é particularmente importante. É o conhecimento e a genialidade de ator que tornam Busch capaz de construir uma figura inesquecível de novo tipo a partir de um material escasso.

Esse conhecimento não diz respeito apenas à nova configuração do proletariado em cena, mas é uma parte do conhecimento dos homens em geral, de um conhecimento que também abrange outras classes. A representação de Busch mostra o que é particular no trabalhador — e ainda o que é particular no trabalhador com consciência de classe — e, ao mesmo tempo, que ele é o conjunto completo de tipos sociais de que fala Marx, o conjunto no qual todos os outros tipos de classe são "suprassumidos".[171] Em sua representação os traços dos senhores da guerra feudal e dos economistas burgueses se unem àqueles específicos do proletário moderno. Do ponto de vista da atuação, estamos diante de algo novíssimo e ao mesmo tempo de um produto final. Desenvolvida de maneira singular, encontramos na cena da greve algo da postura de Marco Antônio,[172] na cena do irmão professor

---

do em uma prisão em Moabit. É libertado pelo Exército Vermelho no final da Segunda Guerra Mundial, em 1945. Realizou inúmeras peças e gravou muitos discos na República Democrática Alemã.

[171] Em alemão, *aufgehoben*. Em sua *Fenomenologia do espírito*, Hegel escreve: "O *suprassumir* apresenta sua dupla significação verdadeira que vimos no negativo: é ao mesmo tempo um *negar* e um *conservar*". Cf. G. W. F. Hegel, *Fenomenologia do espírito*, Petrópolis, Vozes, 2002, p. 94.

[172] Uma das personagens principais da peça *Antônio e Cleópatra* de Shakespeare.

algo da postura de Mefisto. Busch é muito mais do que um especialista em tipos de trabalhadores.

Mas que conhecimento da luta de classes! Semion Lapkin dirige uma célula de trabalhadores bolcheviques. Nas poucas cenas em que atua, Busch fornece uma visão geral detalhada e completa das posturas de Semion Lapkin frente a seus companheiros de luta. Ao esquentado Stepan Pregonski,[173] que salta irado da cadeira sobre o brutal comissário de polícia, esquecendo os panfletos sobre os quais estava sentado, grita, rápido como um raio, "Sentado, vão atirar em você!" com uma mescla de irrisão disfarçada e indolência magistral difícil de descrever. E Busch não se esquece do pavor do próprio Lapkin! Se apoia sobre a inteligente e tranquila Mascha. Quando ela canta a canção da sopa[174] para Vlassova, sua postura exprime que ele avalia isso como uma atividade política adequada, mas aqui Busch também não se esquece do prazer na canção e no canto sentido pelo próprio Lapkin. Frente a esses jovens desajeitados, ele mostra aquela impessoalidade que, às vezes, leva a um trabalho em comum particularmente desprovido de atritos. Pavel Vlassov é um novato no movimento. Lapkin o ajuda em todos os sentidos, mas ainda o estuda em segredo. Um breve olhar, cheio de compreensão e reprovação, quando Pavel admite que não tinha dito para a mãe que entrou para o movimento. E quando o comissário grita com Pavel, para que se levante, e ele o desafia permanecendo sentado, fala um tranquilo e amistoso "levante-se". Por meio de sua postura em face dos outros revolucionários, ajuda a construir essas figuras (ajudou inclusive o ator de Pavel a fazer com que essa figura parecesse jovem) e, ao mesmo tempo, constrói assim a sua própria figura. Se torna útil aos outros atores o tempo todo e, ao mesmo

---

[173] Pregonski foi uma figura elaborada para a encenação de 1951 do Berliner Ensemble.

[174] Trata-se da "A canção da solução" na cena 2 da peça.

tempo, os utiliza todo o tempo. Suas propostas durante os ensaios não são à moda antiga. Elas não servem para colocá--lo sozinho no foco. É parte daquilo que deve ser mostrado, quando, por exemplo, ele propõe que, após a busca na casa, os outros revolucionários esperem até que ele, Lapkin, tenha examinado a fundo a nova e perigosa situação que surgiu, tomando o tempo necessário para tanto, e a partir disso os leva a agir rapidamente, não sem antes pedir a opinião de cada um deles!

Busch desenha a relação entre Lapkin e Vlassova de maneira extremamente diferenciada. Ele toma a postura "inospitaleira" do começo com humor, mas de modo algum sem seriedade. Ele reconhece rápido, mas não imediatamente, que na intrépida adversária se esconde uma intrépida companheira de luta. Sua malícia e sobretudo sua teimosia, utilizadas para combater os argumentos a favor da greve, visivelmente o divertem. Como é bela a maneira amistosa, sem ostentação, com a qual ele põe a mão no braço da mulher que recolhe do chão seu potinho de banha despedaçado pela polícia! Ali também está a certeza de que ela vai deixar, apesar de sua raiva plenamente justificada contra os revolucionários que atraíram tudo isso sobre ela! Ele não esconde que considera justificado o emprego dela na luta de classes, inclusive contra a vontade dos ainda despreparados. No ensaio, Busch insistiu que os revolucionários repusessem o que a polícia destruiu. Quando retornassem à noite, deveriam trazer consigo um pote de banha novo e um revestimento novo para o sofá estragado. Se assegurou de que isso fosse feito com humor, mas como algo completamente óbvio.

Depois que o filho dela foi preso, Lapkin leva Vlassova até seu irmão, o professor. Ele concordou em empregá-la como governanta. Ela vai com sua trouxa até a cozinha contígua. Lapkin dá uma olhada na sala de visitas burguesa, seu olhar para no quadro do czar pregado na parede. Um pouco preocupado, ele se dirige ao seu irmão para lhe dizer algumas palavras amigáveis; aparentemente, não é muito fácil pronunciá-las, elas são proferidas só por causa da solitária Vlassova. Com esse tributo a Vlassova feito através de Lapkin, Busch dá unidade ao esboço da posição dele para com o seu irmão: ele o considera um reacionário incorrigível. Aqui ele tem algo a aprender. Com elegância, Lapkin recebe o leve puxão de orelha de Vlassova que se coloca contra sua ridicularização do professor. De novo, pousa sua mão calmamente no braço de Vlassova, quando diz ao professor: espero que tenha aprendido alguma coisa enquanto a ensinava a ler. Ele reconheceu que Vlassova foi bem-sucedida onde ele fracassou.

A partir da relação com seu irmão que estudou, Busch configura o Lapkin da vida privada. O olhar alegre e comovido enquanto ouve Fiódor Trofímovitch, o escárnio silencioso no rosto devastado pela luta.

Na sua configuração do trabalhador revolucionário, Busch é econômico no uso de sentimentos. É a economia de um homem com grandes despesas. Essa humanidade dispõe de inteligência, coragem e tenacidade. Aquilo que é extraordinário na arte de Busch é que ele fornece um desenho técnico artístico. Os novos elementos a partir dos quais ele constrói a figura tornam o desempenho inesquecível, mas também faz com que poucos espectadores possam se dar conta imediatamente da magnitude de seu desempenho. Nem todos o reconhecem como um grande ator sem mais, do mesmo modo que na Idade Média, habituada com os alquimistas, os químicos não eram reconhecidos sem mais como sábios.

EXERCÍCIOS PARA ATORES

Exercícios para escolas de teatro[175]

a) Truques de prestidigitação, incluindo a postura dos espectadores.

b) Para mulheres: dobrar e guardar roupa. O mesmo para homens.

c) Para homens: posturas variadas de fumantes. O mesmo para mulheres.

d) Gato que brinca com um novelo.

e) Exercícios de observação.

f) Exercícios de imitação.

g) Como tomar notas. Anotar gestos, entonações.

h) Exercícios de imaginação. Três apostam a vida nos dados, um perde. Depois: todos perdem.

i) Dramatização da épica. Passagens bíblicas.

---

[175] Datilografado. Provavelmente redigido em 1940, durante o exílio na Suíça. No começo de 1940, a atriz Naima Wifstrand (1890-1968) convidou Helene Weigel para dar aulas em sua escola de teatro privada em Estocolmo. Weigel leciona na escola, auxiliada por Brecht, até abril de 1940, quando emigram para a Finlândia. Brecht escreve um programa para o curso e as cenas para a prática dos atores (ver nota 182, p. 224). O programa, que Brecht chamou de *Repertório da Escola*, continha os seguintes cinco pontos: 1) Cenas da Bíblia; 2) Estudos sobre Shakespeare: a) *Hamlet*; b) *Romeu e Julieta*; 3) Abertura e primeira cena de *Do nada, nada virá*; 4) *Um cão entrou na cozinha*; 5) *A mãe*, cena 5. A lista de exercícios aqui publicada, bem como outras anotações a respeito do trabalho do ator dos anos 1940, foi escrita nesse contexto.

k)[176] Para todos: exercícios de direção constantes. É necessário mostrar ao companheiro.

l) Exercícios de temperamento. Situação: duas mulheres dobram roupas calmamente. Elas simulam para seus maridos uma violenta briga por ciúmes. Os maridos estão no quarto ao lado.

m) Enquanto dobram roupa silenciosamente, elas começam a brigar.

n) A brincadeira (l) fica séria.

o) Competições para ver quem troca de roupa mais rápido. Atrás de um biombo, à vista de todos.

p) Modificação de uma imitação, simplesmente descrevendo-a, para que outros possam executá-la.

q) Recitar (versos) ritmicamente com *step-dance*.[177]

r) Comer com talheres bem grandes, com talheres bem pequenos.

s) Diálogo com toca-discos: falas gravadas, réplicas livres.

t) Busca dos "pontos nodais".[178]

u) Caracterização do companheiro de cena.

v) Improvisação de incidentes paralelos. Repassar as cenas como um relato, sem o texto.

w) O acidente de carro.[179] Estipulação dos limites da imitação justificada.

---

[176] Brecht salta a letra "j".

[177] Em inglês no original, "sapateado".

[178] Em alemão, *Drehpunkte*. Momentos nos quais a cena toma outro rumo ou uma figura assume um comportamento qualitativamente distinto. No trabalho de encenação do Berliner Ensemble, havia um grande esforço para tornar os *Drehpunkte* bem aparentes.

[179] Ver o ensaio "A cena de rua" nesta edição, pp. 81-94.

x) Variações: "Um cão foi à cozinha".[180]
y) Memorização das primeiras impressões do papel.[181]

---

[180] No nº 11 dos *Versuche* (ver nota 41, p. 81), Brecht publicou o "Poema circular", junto com as cenas para a prática dos atores, com as seguintes recomendações: "Um bom exercício é a recitação de poemas circulares como:/ Um cão foi à cozinha/ E um ovo ele roubou/ O cozinheiro viu/ E o cão ele matou./ Chegaram outros cães/ Para sepultar o cão/ Em sua sepultura/ Colocaram a inscrição:/ O cão foi à cozinha...". O poema de oito linhas será recitado, a cada vez, com *Gestus* diferentes, como se fossem recitados por diferentes personagens em diferentes situações. O exercício também pode ser utilizado para auxiliar o ator na aprendizagem da fixação de modos de declamação.

[181] Ver o ensaio "Breve descrição de uma nova técnica de atuação que produz um efeito de estranhamento", nesta edição, pp. 95-102.

Cenas para a prática dos atores.[182]
Cenas paralelas

As seguintes transposições da cena do assassinato de *Macbeth* e da discussão entre as rainhas de *Maria Stuart* para um *milieu* prosaico devem servir para causar estranhamento em relação às cenas clássicas. Em nossos teatros, essas cenas não são mais feitas por seus acontecimentos, mas só pelos rompantes temperamentais que esses acontecimentos permitem. As transposições devolvem o interesse aos acontecimentos e também renovam o interesse do ator pela estilização e pela forma versificada do original, como algo especial, adicional.

---

[182] Brecht inicia o trabalho de redação das cenas para a prática dos atores em 1940, no exílio sueco, no contexto do trabalho docente de Helene Weigel na escola de Naima Wifstrand (ver nota 175, p. 221). As cenas a partir das peças de Shakespeare e Schiller foram escritas nesse período e posteriormente incorporadas a *A compra do latão*, um dos mais importantes escritos teóricos de Brecht, reunidas sob o título *Cenas para a prática dos atores*. Posteriormente, Brecht adicionou uma cena elaborada a partir do *Certame entre Homero e Hesíodo*, redigida em 1950. Esse conjunto de *Cenas para a prática dos atores*, presentes nesta edição, foi publicado pela primeira vez no nº 11 dos *Versuche* (ver nota 41, p. 81), junto com o *Poema circular*, em 1951. No décimo primeiro volume dos cadernos as cenas estavam divididas da seguinte forma: 1) *Cenas paralelas*; 2) *Entrecenas*; 3) *Poema circular*; 4) *O certame entre Homero e Hesíodo*.

Assassinato na casa do porteiro[183]
(para *Macbeth* de Shakespeare, ato II, cena 2)

(*Casa do porteiro. O porteiro, sua mulher e um mendigo, que dorme. Um condutor traz um grande embrulho.*)

O CONDUTOR
Cuidado que isso é frágil.

A MULHER (*Pegando*)
O que é?

O CONDUTOR
Acho que é um deus chinês da sorte.

A MULHER
Ela vai dar para ele?

O CONDUTOR
É, de presente de aniversário. As meninas vêm aqui para buscá-lo, sra. Fersen, não esquece de dizer para elas tomarem muito cuidado com isso. Isso aí vale mais do que toda essa casa de porteiro. (*Sai*)

A MULHER
Para que eles precisam de um deus da sorte, podres de rico do jeito que são, isso é o que eu gostaria de saber! A gente é que precisava de um.

---

[183] A cena, cujo título inicial era *Cena cotidiana para o Macbeth de Shakespeare, II, 2*, faz referência a Macbeth (o Porteiro), ao assassinato do Rei Duncan (o deus da sorte chinês), a Lady Macbeth (a Mulher) e aos camareiros do rei (o mendigo que dorme).

O PORTEIRO

Para de reclamar o tempo inteiro. Você devia estar contente que pelo menos temos emprego, isso já é sorte o bastante. Leva lá para o quarto.

A MULHER (*Indo até a porta com o embrulho e retrucando de volta por cima do ombro*)

É uma vergonha. Eles podem comprar deuses da sorte que valem mais do que uma casa inteira. E sorte a nossa se tivermos um teto sobre nossa cabeça, e para isso trabalhamos todo santo dia. Dá uma raiva. (*Ela tropeça quando tenta abrir a porta e o embrulho escapa de suas mãos*)

O PORTEIRO

Presta atenção!

A MULHER

Quebrou!

O PORTEIRO

Mas que diabos! Por que você não presta atenção?

A MULHER

Isso é terrível. Vão nos enxotar quando virem isso. A cabeça saiu. Eu vou me matar.

O PORTEIRO

Nunca vamos conseguir uma carta de recomendação depois dessa. É melhor a gente se mandar com aquele ali. (*Aponta para o mendigo que acordou*) Você não vai ter como responder por isso.

A MULHER

Eu vou me matar.

O PORTEIRO

Isso não vai consertá-lo.

A MULHER

Mas o que é que a gente vai dizer?

O MENDIGO (*Bêbado de sono*)

Aconteceu alguma coisa?

O PORTEIRO

Cala a boca. (*Para a mulher*) Não temos nada para dizer. Nos confiaram isso e agora está quebrado. Vai dizer o quê? Melhor ir arrumando as malas.

A MULHER

Quem sabe a gente pode falar alguma coisa. Qualquer coisa. Que já veio quebrado.

O PORTEIRO

Ele já está com eles há dez anos. Acreditam mais nele do que em nós.

A MULHER

Somos dois. Dois testemunhos contra um.

O PORTEIRO

Mas que bobagem. Meu testemunho não vale nada, sou seu marido. Conheço a patroa. Vai tirar até a nossa roupa do corpo, só de vingança.

A MULHER

Precisamos pensar em alguma coisa.
(*Campainha lá fora*)

O PORTEIRO
Estão vindo.

A MULHER
Vou esconder. (*Ela entra com a coisa no quarto. Volta. Falando do mendigo, que dormiu de novo*) Estava acordado?

O PORTEIRO
Estava, por um minuto.

A MULHER
Ele viu "aquilo"?

O PORTEIRO
Sei lá. Por quê?
(*Toca de novo*)

A MULHER
Leva ele para o quarto.

O PORTEIRO
Preciso abrir. Se não dá na vista.

A MULHER
Segura elas lá fora. (*Sobre o mendigo*) Foi ele. Lá dentro. Quando entrarem, a gente não sabia de nada. (*Chacoalha o mendigo*) Ei, você! (*O porteiro quer sair*) Segura o jornal como se estivesse lendo. (*Sai com o jornal. A mulher empurra o mendigo bêbado de sono para o quarto. Volta e sai pela porta oposta*)

O PORTEIRO (*Voltando com duas criadas do solar*)
Faz um frio hoje, e as senhoras nem agasalhadas estão.

A GOVERNANTA
Só passamos para pegar o embrulho.

O PORTEIRO
Colocamos lá no quarto.

A GOVERNANTA
A patroa mal pode esperar para vê-lo. Cadê?

O PORTEIRO
Pode deixar que eu mesmo levo para ela.

A GOVERNANTA
Não precisa se incomodar, sr. Fersen.

O PORTEIRO
Faço com gosto.

A GOVERNANTA
Ah, eu sei, sr. Fersen. Mas não precisa. Está lá dentro?

O PORTEIRO
Está sim, é o embrulho grande. (*Ela entra*) Parece que é um deus da sorte, não é?

A CRIADA
É, a patroa está brava porque o condutor não levou direto para ela, uma hora atrás. Fazem de propósito, ela não pode contar com ninguém, só pensam neles mesmos, ninguém assume a culpa quando algo dá errado etc. etc. Pois é, nem todo mundo está disposto a se despedaçar por esse tipo de senhor. Não estou certa?

O PORTEIRO
Está, está sim. Nem todo mundo é igual.

A CRIADA

Minha tia sempre dizia: quem almoça com o diabo tem que ter colher comprida.

A GOVERNANTA (*Do quarto*)

Isso é terrível.

O PORTEIRO E A CRIADA

O que foi?

A GOVERNANTA

Alguém deve ter feito isso de propósito! A cabeça foi simplesmente arrancada!

O PORTEIRO

Arrancada?

A CRIADA

O deus da sorte?

A GOVERNANTA

Olhem só isso. Assim que eu levantei percebi que estava partido em dois. Não sei se eu abro ou não, vai que eu tiro uma beiradinha do papel e a cabeça cai para fora do embrulho! (*O porteiro e a criada entram*)

A GOVERNANTA

O presente de aniversário. E do jeito que ela é supersticiosa...

A MULHER (*Entra*)

O que foi? Vocês estão tão agitados.

A GOVERNANTA

Sra. Fersen, eu nem sei como dizer isso para a senhora.

Eu sei que a senhora é uma mulher muito ordeira. Mas o deus da sorte está quebrado.

A MULHER

Quê? Quebrado? Na minha casa?

O PORTEIRO (*Voltando com a criada*)

Não entendo. Estamos perdidos. Nos confiam uma coisa dessas e depois acontece isso! Eu nunca mais vou conseguir olhar a patroa na cara!

A GOVERNANTA

Então de quem é a culpa?

A CRIADA

Só pode ter sido o mendigo, o mascate. Fez de conta que estava dormindo e que acordou de repente, mas estava com o barbante no colo. Provavelmente queria olhar o que estava dentro do embrulho para ver se tinha alguma coisa para roubar.

O PORTEIRO

Que diabo, não devia ter jogado ele para fora.

A GOVERNANTA

Por que não prenderam ele?

O PORTEIRO

Não sei o que deu em mim, mas quem consegue pensar em tudo ao mesmo tempo? Não dá! A raiva simplesmente tomou conta de mim. O deus da sorte ali, a cabeça a um metro de distância, e no banco aquele homem se fazendo de desentendido, eu só conseguia pensar na patroa.

A GOVERNANTA

Logo, logo a polícia põe as mãos nele.

A MULHER

Estou passando mal.

* * *

A briga das peixeiras[184]
(para *Maria Stuart* de Friedrich Schiller, ato III)

1.
(*Uma rua. A sra. Zwillich e seu vizinho pelo caminho.*)

SRA. ZWILLICH

Não, Sr. Koch, é mais forte do que eu. Não consigo me humilhar desse jeito. Não me resta muita coisa, mas ainda tenho meu orgulho. Não vou deixar que apontem o dedo para mim no mercado de peixe e digam: foi essa aí que lambeu as botas da sra. Scheit, aquele monstro de duas caras!

SR. KOCH

Não precisa ficar nervosa desse jeito, sra. Zwillich. Você tem que ir ver a sra. Scheit. Se o sobrinho dela depõe contra você na justiça, vai pegar quatro meses.

---

[184] A cena, primeiramente intitulada *Maria Stuart — 1. Uma rua. A sra. Zwillich e seu vizinho pelo caminho*, refere-se ao ato III da tragédia *Maria Stuart* de Schiller, em que há um confronto entre Elizabeth, rainha da Inglaterra, e Maria Stuart, rainha da Escócia, feita prisioneira por Elizabeth. Mais especificamente: as cenas paralelas se referem às cenas 3 e 4 do ato III, sr. Koch ao conde de Shrewsbury, sra. Zwillich à Maria Stuart, sra. Scheit à Elizabeth, e o sobrinho ao conde de Leicester.

SRA. ZWILLICH

Mas eu não roubei no peso, é tudo mentira.

SR. KOCH

Claro, sra. Zwillich, a gente sabe disso, mas a polícia sabe? A sra. Scheit é muito mais esperta que você. Você não chega aos pés dela.

SRA. ZWILLICH

Truques sujos.

SR. KOCH

Ninguém está dizendo que a sra. Scheit tenha razão em mandar o imprestável do sobrinho dela comprar um linguado com a senhora, e depois ir até a polícia para os policiais conferirem o peso! É claro que na polícia sabem que a sra. Scheit só quer se livrar de uma concorrente. Mas infelizmente no seu quilo de linguado faltavam mesmo aqueles dez funestos gramas!

SRA. ZWILLICH

É porque eu estava batendo papo com o sobrinho enquanto pesava e não conferi direito o peso. Olha a confusão em que eu me meti por ser simpática com um cliente!

SR. KOCH

Todo mundo admira a simpatia da senhora. Isso é ponto pacífico.

SRA. ZWILLICH

É claro que os clientes vêm para cá e não para lá. Sou atenciosa, e dou um toque pessoal. Isso a deixou furiosa. Mas daí a fazer a polícia do mercado remover a minha banca e me impedir de vender, e ainda mandar o sobrinho dela me arrastar para o tribunal, isso já é demais.

SR. KOCH

E a senhora tome cuidado, escute o que eu estou falando. Muito cuidado. Preste muita atenção no que vai dizer para ela!

SRA. ZWILLICH

"Prestar atenção"! A que ponto chegamos. Ter que prestar atenção no que eu vou dizer para uma nojenta dessas, que devia ser presa por difamação!

SR. KOCH

Preste bem atenção! Já é muito que ela tenha me deixado levar você até lá, sra. Zwillich. Não vá agora estragar tudo com seu temperamento e sua justa indignação.

SRA. ZWILLICH

Não consigo, sr. Koch. Sinto, não consigo. Esperei o dia inteiro para saber se ela teria a bondade de me ouvir. Controle-se, falei para mim mesma, ela pode te colocar atrás das grades. Pensei em tudo, como eu iria tentar convencê-la e comovê-la. Mas agora não consigo. Só sei que odeio ela, essa sem-vergonha, o que eu queria mesmo era arrancar fora seus olhos.

SR. KOCH

A senhora por favor se controle, sra. Zwillich. Engula a raiva. A senhora está nas mãos dela. Diga para ela ser benevolente. Pelo amor de Deus, deixe o orgulho de lado que agora não é hora para uma coisa dessas.

SRA. ZWILLICH

Sei que você me quer bem. E eu vou. Mas nada de bom vai sair disso, você vai ver. Somos como cão e gato. Ela pisou no meu calo e eu quero arrancar... (*Vão embora*)

2.

(*Mercado de peixe à noite. Somente uma peixeira, a sra. Scheit, ainda está lá, sentada. Ao lado dela, seu sobrinho.*)

SRA. SCHEIT

Não, eu não vou conversar com ela. Para quê? Justo agora que me livrei dela. Que silêncio divino se fez no mercado de peixe ontem e hoje, depois que ela foi embora com aquele jeito espalhafatoso dela: uma bela enguia, patroa, marido vai bem, a senhora está bonita hoje, como sempre. Aquilo me tirava do sério.

UMA CLIENTE

E agora? Fofoquei tanto por aí que agora não tenho nada para cozinhar hoje à noite. Meio pequeno esse lúcio, hein?

SRA. SCHEIT

A madame que vá pescar um maior. Não é minha culpa que tenha morrido jovem. Se a senhora não quer, deixa ele aí, eu é que não vou ficar arrancando meus cabelos por isso.

UMA CLIENTE

Também não precisa ficar ofendida, só falei que parecia meio pequeno.

SRA. SCHEIT

E também não tem bigode. Não é para a senhora, pronto e acabou. Hugo, arrume os cestos, fim de expediente.

UMA CLIENTE

Está bem, eu levo, não precisa ficar tão brava.

SRA. SCHEIT

Um e trinta. (*Entrega o peixe. Para o sobrinho*) As pessoas chegam aqui depois do expediente e ainda são exigentes. Essa é boa. Agora vamos.

O SOBRINHO
Mas tia, você disse que ia conversar com a sra. Zwillich.

SRA. SCHEIT
Eu disse: depois do expediente, e cadê ela?
(*A sra. Zwillich e o sr. Koch chegam e esperam a uma certa distância.*)

O SOBRINHO
Olha ela aí.

SRA. SCHEIT (*Fazendo de conta que não vê a sra. Zwillich*)
Embale os cestos. Hoje não foi nada mal, vendemos o dobro da quinta passada. Estavam praticamente arrancando eles das minhas mãos: "meu marido sempre diz: essa carpa deve ser da sra. Scheit, dá para notar pelo gosto". Essa gente é muito idiota mesmo. Como se uma carpa fosse muito diferente da outra.

SRA. ZWILLICH (*Ao sr. Koch, tremendo*)
Uma pessoa com um pingo de compaixão não falaria desse jeito!

SRA. SCHEIT
Vai um linguado aí, senhores?

O SOBRINHO
Mas tia, é a sra. Zwillich.

SRA. SCHEIT
O quê? Quem disse para ela vir aqui me atazanar?

O SOBRINHO

Bem, agora ela está aqui, tia. As escrituras também dizem: ame o próximo!

SR. KOCH

Faça das tripas coração, sra. Scheit. Você tem na sua frente uma pessoa infeliz. Ela nem ousa te dirigir a palavra.

SRA. ZWILLICH

Não consigo, sr. Koch.

SRA. SCHEIT

O que ela disse? Ouviu isso, sr. Koch? Uma infeliz, você disse, que quer um favor e que se debulha em lágrimas noite e dia. Faça-me rir. Arrogante, isso é o que ela é! Descarada como sempre!

SRA. ZWILLICH

Bom, ainda vou engolir mais essa. (*Para a sra. Scheit*) A senhora conseguiu o que queria. Pode agradecer ao seu bom Deus por isso. Mas agora não exagera. Me dê sua mão, sra. Scheit. (*Ela estende a mão*)

SRA. SCHEIT

Você que se meteu nessa encrenca, sra. Zwillich.

SRA. ZWILLICH

Você não se esqueça de que a sorte pode mudar, sra. Scheit. Até a sua. A minha mudou. E, além disso, tem gente escutando. E fomos colegas. Nunca uma coisa dessas tinha acontecido no mercado de peixe. Pelo amor de Deus, não fique aí plantada como uma pedra. Não posso mais do que implorar de joelhos. Como se já não fosse ruim o bastante eu ter que ir para a cadeia caso não consiga te comover. Mas só de olhar para você a palavra fica entalada na garganta.

SRA. SCHEIT

Dá para ir ao ponto, fazendo o favor? Não gostaria de ser vista com alguém como você. Só concordei com isso por ser uma boa cristã. A senhora pescou meus clientes por dois anos seguidos.

SRA. ZWILLICH

Não sei mais o que dizer. Se eu disser a verdade a senhora vai se ofender. Não está certo o que a senhora fez comigo. Quando a senhora mandou seu sobrinho comprar o linguado só queria me tapear. Eu não esperava isso nem da senhora nem de ninguém. Jamais. Tudo que eu fiz foi vender meu peixe como você, e agora você me arrasta para um tribunal. Olha: acho que foi tudo um mal-entendido. Você não é culpada. Eu não sou culpada. A gente só queria vender peixe, mas os clientes ficaram entre nós. Para você contavam uma coisa, para mim outra. Você teria dito que meu peixe fedia, eu teria dito que você trapaceava um pouco no peso, ou o inverso. Mas agora ninguém mais está entre nós. A gente podia até ser irmã. Você a mais velha, eu a mais nova. A coisa não teria chegado a esse ponto se a gente tivesse conversado a tempo.

SRA. SCHEIT

Ah, é, e que bela cobra eu teria nutrido em meu peito. Seu lugar não é aqui no mercado de peixe. Você é desleal! Você pega todos os negócios para você! A senhora fisgou os meus clientes um por um com a sua falsidade e o seu meloso "Mais um linguadinho, madame?", e quando te falei isso você me ameaçou com um processo por difamação. Mas agora o jogo virou!

SRA. ZWILLICH

Estou nas mãos de Deus, sra. Scheit. Tenho certeza de que a senhora não vai cometer um pecado desses...

SRA. SCHEIT

E quem vai me impedir? Você que começou com essa história de polícia com seu processo por difamação. Se eu deixo você ir e digo para o meu sobrinho retirar a queixa, amanhã mesmo a senhora está aí sentada, eu te conheço. E sem mostrar nenhum remorso, pelo contrário, a senhora vai é comprar um batom para o garçom do Leão Rubro passar a mão no seu hadoque. É isso que vai acontecer se eu escolher a misericórdia e não a justiça.

SRA. ZWILLICH

Pois fique com seu mercado de peixe! Por Deus, venda peixe sozinha! Desisto de vez da minha banca. Você venceu. Me quebrou. Não sou senão a sombra da Zwillich que fui. Agora acabe com essa perseguição e diga de uma vez: vá em paz, já te mostrei com quantos paus se faz uma canoa, e agora vou te mostrar como é que uma boa cristã se comporta. Diga isso e eu te agradeço do fundo do meu coração. Mas não me faça esperar demais por essas palavrinhas. Se você não disser e for até a polícia, eu é que não gostaria de estar na sua pele diante das pessoas, por nada nesse mundo!

SRA. SCHEIT

Então você finalmente se deu conta de que te derrubei? Não tem mais nenhuma carta na manga? O fiscal do mercado te deu um gelo? Não tem mais admiradores? Você sabe muito bem que iria ao cinema com qualquer um que te arranjasse um cliente, mesmo que estivesse dez vezes casado!

SRA. ZWILLICH

Agora vou ter mesmo que me segurar, a senhora foi longe demais.

SRA. SCHEIT (*Depois de encará-la por muito tempo com desprezo*)

Hugo, essa é mesmo a sra. Zwillich, que é sempre tão simpática com todo mundo? A coqueluche de todos, perto da qual eu não passo de uma monstruosidade velha, uma pilha de bosta velha na praça do mercado da qual todo mundo se desvia. Uma puta ordinária, é isso que ela é.

SRA. ZWILLICH

Isso já é demais!

SRA. SCHEIT (*Rindo sarcasticamente*)

Ah, agora mostrou sua verdadeira face! Agora sua bela máscara caiu.

SRA. ZWILLICH (*Vermelha de raiva, mas com dignidade*)

Sr. Koch, admito que sou jovem e tenho os meus defeitos. Pode ser que eu, uma vez ou outra, tenha olhado com simpatia para algum homem que veio comprar alguma coisa de mim, mas nunca fiz nada escondido. Se essa é minha reputação, então tudo o que posso dizer é que sou melhor que a minha reputação. A sua hora vai chegar, sra. Scheit! Você esconde seus prazeres. O mercado inteiro sabe que você não vale nada. Não é à toa que sua mãe foi presa no tempo dela.

SR. KOCH

Pelo amor de Deus! Agora já era! Você não se controlou como tinha prometido, sra. Zwillich.

SRA. ZWILLICH

É bom se controlar, sr. Koch. Engoli tudo o que qualquer um poderia engolir. Mas agora vou falar. Agora vou botar tudo para fora. Tudo...

SR. KOCH

Ela perdeu a cabeça, não sabe o que diz, sra. Scheit!

O SOBRINHO

Não dê ouvidos a ela, tia! Venha, vamos embora! Eu levo os cestos!

SRA. ZWILLICH

Mandou peixe podre para o Leão Rubro! Ela suja o nome do mercado inteiro! A banca, ela só conseguiu porque o imprestável do irmão dela sai para beber com o policial do mercado!

Entrecenas

As entrecenas para *Hamlet* e *Romeu e Julieta* de Shakespeare não devem ser inseridas nas representações dessas peças, mas apenas representadas pelos atores durante os ensaios. A cena da barca para o *Hamlet* deve ser introduzida entre a terceira e a quarta cena do quarto ato, e a recitação do relatório final deve impedir uma representação heroica de *Hamlet*. A crítica burguesa geralmente considera a hesitação de Hamlet como o elemento novo e interessante desta peça e, no entanto, defende que o massacre do quinto ato, quer dizer, o abandono da reflexão e a passagem ao "ato", é uma solução positiva. Mas o massacre é uma regressão, porque o ato é uma atrocidade. Explicamos a hesitação de Hamlet em uma pequena cena para a prática: ela corresponde às novas atitudes burguesas que já se estabeleceram no âmbito político-social. Naturalmente, a entrecena para *Romeu e Julieta* não foi feita para demonstrar a máxima corriqueira "O prazer de um é o sofrimento do outro", mas coloca os atores que representarão Romeu e Julieta em condições de construir essas personagens de forma contraditória.

Cena da barca
(A ser representada entre as cenas 3 e 4 do ato IV de *Hamlet* de Shakespeare.)[185]

---

[185] Na cena 3, o rei Cláudio da Dinamarca manda o príncipe Ham-

(*Uma barca. Hamlet e o barqueiro. Um confidente de Hamlet.*)

HAMLET
Que edificação é aquela ali no litoral?

BARQUEIRO
Uma fortificação, alteza, construída para a guarda-costeira.

HAMLET
Mas e aquela calha de madeira que desce até o estreito?

BARQUEIRO
É lá que os barcos que vão para a Noruega são carregados de peixe.

HAMLET
Que fortificação esquisita. Os peixes moram lá?

BARQUEIRO
É lá que são salgados. Sua Alteza seu pai, o novo rei, fechou um acordo comercial com a Noruega.

HAMLET
Costumávamos mandar nossos soldados para lá. Agora eles são salgados? Que guerra esquisita.

BARQUEIRO
Não estamos mais em guerra. Nós nos rendemos e re-

---

let, que assassinou o lorde camarista Polônio, embarcar para a Inglaterra. Na cena 4, Hamlet se depara com Fortimbrás, príncipe da Noruega, e seu exército, que busca um salvo-conduto do rei dinamarquês para atravessar o país e atacar a Polônia.

nunciamos à faixa litorânea, e eles se comprometeram a comprar o nosso peixe. Desde então nossa influência lá é muito maior do que antes, realmente, senhor.

HAMLET

Então os peixes devem estar muito a favor do novo rei, não?

BARQUEIRO

Eles dizem: alaridos de guerra não enchem barriga, senhor. Estão a favor do rei.

HAMLET

Mas eu ouvi dizer que o embaixador de Sua Alteza, meu primeiro pai, que devemos distinguir do meu segundo, tomou um tapa na cara na corte norueguesa. Isso tudo já foi esquecido?

BARQUEIRO

Sua Alteza, seu segundo pai, senhor, por assim dizer, teria dito que ele tinha cara de sobra para um embaixador de um país com peixe de sobra.

HAMLET

Sábia contenção.

BARQUEIRO

Passamos meio ano seriamente preocupados aqui no litoral. O rei hesitou na assinatura do contrato.

HAMLET

É mesmo? Hesitou?

BARQUEIRO

Hesitou. Chegou até a reforçar a guarda da fortificação.

Todos diziam: vai ter guerra e não comércio de peixe. Oh, ficávamos para lá e para cá, entre a esperança e o desespero! Mas Deus guiou nosso bom rei, e ele fechou o acordo.

O CONFIDENTE DE HAMLET

E a honra, como fica?

HAMLET

Para ser sincero, não vejo nenhum atentado à honra. Os novos métodos, meu amigo. Agora estão por toda parte. O cheiro de sangue não agrada mais, os gostos estão mudando.

O CONFIDENTE DE HAMLET

Acabou-se o tempo de guerra, uma geração débil.

HAMLET

Por que acabou? Pode ser que agora sejam os peixes que combatem? Uma ideia divertida essa, salgar os soldados. Um pouco de vergonha e muita honra. E quem dá um tapa na cara do embaixador é obrigado a comprar peixe. A vergonha cava sua cova e a honra saboreia peixe. Ultimamente, é desse mesmo jeito que o assassino melhora sua reputação esfregando sua cara com um sorriso, e o mau filho aponta para o dinheiro trazido pela boa venda de peixes. Seus escrúpulos para com o assassino, não para com o assassinado, começam a honrá-lo, sua covardia é seu ponto forte, ele seria um malfeitor se não fosse um malfeitor, e assim por diante. E agora para cama, para que a pesca não seja perturbada.

Os negócios florescem, a esplêndida tumba desintegra.
Oh, e como nos acusa ficando nesse estado.
Um negócio não foi encerrado, mas
Ao colocar nele um ponto final, coloca um novo no mapa
De modo precipitado, por acaso também há um pós-cipitado
E, no entanto, um malfeitor suspira aliviado? E torna-se

Quase um bom homem, não só parece, mas é!
E você, demole o que tem sido construído, porque
Foi erguido sobre ruínas (e cresce, e as frutas nascem no pé!)
Encha de novo a fortificação com carniceiros, retroceda
Aos feitos sangrentos, foi com isso que ele começou!
Oh, se tivesse hesitado! Se tivesse!

Relatório final
E assim, explorando com grande cuidado o rufar de
    tambores fortuitos
Avidamente acolhendo o grito de guerra de carniceiros
    desconhecidos
Finalmente liberado por tal acaso, de sua
Tão humana e sensata inibição,
Em um único e horrendo massacre,
Ele abate o rei, sua mãe e a si mesmo.
Justificando a asserção de seu sucessor[186]
Que ele com certeza, se ao topo tivesse chegado,
Teria se provado da mais alta realeza.

* * *

1.
Os criados[187]
(A ser representada entre a primeira e a segunda cena do
ato II de *Romeu e Julieta* de Shakespeare)[188]

---

[186] O sucessor é Fortimbrás. Brecht retoma de forma livre alguns dos versos finais de *Hamlet*, proferidos por Fortimbrás na segunda cena do quinto ato da peça.

[187] O primeiro título escolhido por Brecht para essa cena foi *Duas cenas para Romeu e Julieta*.

[188] Na cena primeira do segundo ato, Romeu escala o muro da propriedade dos Capuletos e pula para dentro do jardim, frustrando a tenta-

(*Romeu e um de seus arrendatários.*)

ROMEU

Já disse, meu velho, preciso do dinheiro. É para uma boa causa.

ARRENDATÁRIO

Mas para onde é que nós vamos se vossa senhoria vender o lote de terra assim tão de repente? Somos cinco.

ROMEU

Não dá para encontrar serviço por aí? Você é um ótimo trabalhador, receberá de mim as melhores referências. Necessito do dinheiro. Tenho obrigações. Dessas coisas você não entende. Ou preciso te explicar que não posso colocar na rua, sem ao menos um presente, uma dama que deu tudo para mim?[189] *Adieu*, minha querida, e nada mais? Quer que eu cometa uma baixeza dessas? Então você não passa de um malfeitor miserável, de um cão egoísta. Presentes de despedida custam. E são realmente desinteressados, isso você tem que admitir, você não recebe mais nada em troca. Não é mesmo, velho amigo? Não seja um estraga-prazeres. Quem me fez saltar nos seus joelhos e talhou meu primeiro arco, se não você? Quer dizer que nem mesmo o Gobbo me entende mais, me deixa na mão, quer que me comporte como um cafajeste? Estou amando, homem! Eu sacrificaria tudo. Cometeria até um crime por minha amada, um assassinato. E me orgulharia disso. Isso você não tem como entender. Você está velho demais, meu velho Gobbo, ressecado. Dá para entender, preciso me livrar da outra. E agora que te fiz essa confidência,

---

tiva de seus amigos Mercúcio e Benvólio de detê-lo. A segunda cena é a célebre cena do balcão.

[189] Alusão à relação entre Romeu e Rosalina, mencionada por Mercúcio na primeira cena do segundo ato.

pergunto: você é ou não é o bom e velho Gobbo de antigamente? Responda.

ARRENDATÁRIO

Não sei fazer discurso, senhor. Mas não sei para onde ir com meu pessoal, se o senhor nos enxotar das suas terras.

ROMEU

Pobre velho Gobbo. Já não entende. Digo para ele que estou em chamas e ele resmunga alguma coisa sobre terras. Tenho terras? Esqueci. Não, não tenho terras, ou melhor, tenho, preciso me livrar delas, que me importam terras: eu ardo.

ARRENDATÁRIO

E nós morremos de fome, senhor.

ROMEU

Imbecil. Não dá para ter uma conversa razoável com você? Vocês não têm sentimentos, seus animais? Então sumam daqui, e o quanto antes melhor.

ARRENDATÁRIO

Sumimos sim. Vem cá, o senhor quer meu casaco também? (*Tira-o*) Meu chapéu? Minhas botas? Então somos animais? Até mesmo os animais têm que comer.

ROMEU

Ah, então é assim? É essa a sua verdadeira face? Que andou escondendo por vinte e cinco anos como uma mancha de lepra? É isso que eu recebo por falar com você como um ser humano? Suma da minha frente! Senão ainda acabo te dando uma surra, seu animal.

(*Ele o coloca para fora, mas durante a cena de amor o arrendatário continua perambulando ao fundo.*)

ROMEU

Só ri das cicatrizes quem nunca sofreu feridas no corpo.[190]

2.
(*Julieta e sua criada.*)

JULIETA

E você ama seu Thurio? O quanto você o ama?

CRIADA

À noite, depois de dizer o meu pai-nosso e a ama começar a roncar, com a sua licença, me levanto de novo e vou até a janela descalça, senhorita.

JULIETA

Só porque talvez ele possa estar lá embaixo!

CRIADA

Não, só porque ele já esteve lá embaixo uma vez.

JULIETA

Oh, sei bem como é isso. Gosto de olhar para a lua porque nós a olhamos juntos. Mas me fala mais sobre o quanto você o ama. E se ele estivesse em perigo, por exemplo...

CRIADA

Quer dizer, se ele, por exemplo, fosse demitido? Ia direto ao seu senhor.

---

[190] Brecht retoma aqui a primeira fala de Romeu na cena 2 do ato II de *Romeu e Julieta*.

JULIETA

Não, se sua vida corresse perigo...

CRIADA

Ah, se acontecesse uma guerra? Eu ficaria no pé dele até ele fingir que está doente e não sair mais da cama.

JULIETA

Mas isso seria covardia.

CRIADA

Eu dava um jeito de fazer dele um covarde. Era só eu me deitar com ele que não saía mais da cama.

JULIETA

Não, o que eu queria dizer é, se ele corresse perigo e você pudesse salvá-lo sacrificando a própria vida.

CRIADA

Quer dizer, se ele pegasse a peste? Metia um lencinho com vinagre na boca e tomava conta dele, com certeza.

JULIETA

Mas acha que ia ter cabeça para pensar num lencinho?

CRIADA

Como assim?

JULIETA

E isso não ia adiantar nada.

CRIADA

Não muito, mas um pouco, ia.

JULIETA

Seja como for você arriscaria a vida por ele e eu faria o mesmo pelo meu Romeu. Só mais uma coisinha: e se ele, por exemplo, fosse para a guerra e voltasse com alguma coisa faltando...

CRIADA
O quê?

JULIETA
Não posso falar aquilo.

CRIADA
Ah, aquilo! Aí eu arrancava seus olhos fora.

JULIETA
Por quê?

CRIADA
Por ter ido para a guerra.

JULIETA
Estaria tudo acabado entre vocês?

CRIADA
Bem, sim, não estaria tudo acabado?

JULIETA
Você não o ama coisa nenhuma.

CRIADA
Como, você não chama isso de amor, que eu goste tanto de estar com ele?

JULIETA

Mas é um amor terrenal.

CRIADA

Mas o amor terrenal não é lindo?

JULIETA

É lindo sim, mas amo mais o meu Romeu, pode ter certeza.

CRIADA

Você está dizendo que não amo meu Thurio de verdade por gostar de ficar com ele tanto assim? Mas acho que até perdoaria aquilo que a senhora falou. Quer dizer, depois que o primeiro susto tivesse passado. Certeza. Amo muito ele.

JULIETA

Mas você hesitou.

CRIADA

Foi por amor.

JULIETA (*Abraça-a*)

Verdade. Você precisa ir até ele hoje à noite.

CRIADA

Preciso, por causa da outra. Estou tão feliz que a senhora me deixou sair mais cedo. Se ela encontra com ele, está tudo acabado.

JULIETA

E você tem certeza de que vai conseguir alcançá-lo lá na porta dos fundos do muro?

CRIADA

Tenho, ele só tem como sair por lá. E ficou de se encontrar com ela até às onze.

JULIETA

Se partir agora não tem como perdê-lo. Olha, pega esse lenço de cabeça, é lindo. E quais meias você colocou?

CRIADA

As melhores que eu tenho. E colocarei meu sorriso mais fofo e serei com ele mais amável do que nunca. Amo muito ele.

JULIETA

Isso não foi um galho se quebrando?

CRIADA

Parece que alguém pulou o muro. Vou lá ver.

JULIETA

Mas não perca seu Thurio.

CRIADA (*Na janela*)

Adivinha quem pulou o muro e está lá embaixo, no jardim?

JULIETA

É Romeu! Oh, Nerida, tenho que falar com ele no balcão.

CRIADA

Mas o porteiro dorme bem debaixo do seu quarto, senhorita. Vai ouvir tudo. De repente não vai ter mais ninguém andando pelo quarto, e vozes serão ouvidas no balcão e lá fora.

JULIETA

Então você vai ter que ficar andando de um lado para o outro e remexendo na bacia para parecer que estou me lavando.

CRIADA

Mas aí não encontrarei meu Thurio e estará tudo acabado para mim.

JULIETA

Talvez também tenham impedido ele de sair de casa esta noite, ele é um criado, afinal de contas. Anda de um lado para o outro e remexe a bacia. Querida, querida Nerida! Não me deixe na mão, tenho que falar com ele.

CRIADA

Pode ser rápido? Rápido, por favor.

JULIETA

É rapidinho, Nerida, rapidinho, anda de um lado pelo outro pelo quarto.

(*Julieta aparece no balcão. Durante a cena de amor, a criada anda de um lado para o outro e remexe. Quando soam onze horas, desmaia.*)

O certame entre Homero e Hesíodo[191]

Foi retirado da lenda homérica da Antiguidade romana e se baseia na adaptação feita por Wolfgang Schadewaldt (*Lendas de Homero, o aedo itinerante*, Edições Eduard Stichnote, Potsdam). A peça para a prática proporciona uma ocasião para estudar a fala versificada e ao mesmo tempo desenha o caráter de dois anciões ambiciosos que se confrontam em uma batalha rica em elementos gestuais.

LEITOR

E sucedeu que, na ilha Eubeia, Ganíctor quis celebrar os ritos fúnebres de seu pai, o rei Anfídamas. Convidou então todos os homens que se destacavam por sua força física e rapidez, mas também por sua arte e sua ciência, para participar de torneio em sua cidade de Cálcis e, em sua honra, instituiu prêmios de grande valor. E viu-se então Homero se pôr a caminho e encontrar-se por acaso, como diz o relato, com o aedo Hesíodo em Áulis, e ambos chegaram juntos em Cálcis. Para juízes, foram convocados nobres senhores calcidianos, entre os quais Panedes, o irmão do rei defunto. Os dois ae-

---

[191] O ponto de partida da cena é o texto escrito em grego, anônimo, intitulado *Certame entre Homero e Hesíodo*, provavelmente redigido no século II a.C. Brecht edita o original, tal como encontrado no livro *Legende vom Homer dem fahrenden Sänger* [*Lendas de Homero, o aedo itinerante*], e em grande medida o retoma literalmente.

dos travaram um magnífico combate, mas a vitória, conta-se,
ficou com Hesíodo, e assim aconteceu.

Hesíodo entrou na disputa e colocou uma questão depois
da outra, e Homero devia responder. E Hesíodo começou:

HESÍODO
Caro irmão Homero, você é louvado porque na Poesia
Mistura grandes pensamentos. Pois bem, nos dê o que
Pensar! Nos diga primeiro: qual seria a melhor coisa para
    os homens?
E qual seria, tendo em vista seu bem-estar, a melhor coisa
    depois dessa?

HOMERO
Nunca ter nascido, isso seria para o homem a melhor coisa!
Mas uma vez nascido, contudo, viajar para o Hades no
    mesmo instante!

HESÍODO
Ótimo. Um pouco sombrio talvez...

HOMERO
        Não muito...

HESÍODO
                Mas um pouco. Então nos diga:
O que seria, a teu ver, a coisa mais deliciosa sob o sol?

HOMERO
Isto: quando a alegria toma os ânimos por toda a cidade.
E os convivas banqueteiam no salão e ouvem atentamente
    o cantor
Em bancos, em filas, e sobre as mesas ao redor
Se amontoam o pão e a carne, e o escanção haure da
    cratera

Vinho que não acaba mais, e ele o traz e enche as taças:
Isso para mim é delicioso e é para mim, de longe, a coisa
   mais bela sobre a terra.

LEITOR

Quando esses versos ressoaram, provocaram entre os gregos a mais viva admiração, tanta que os chamaram de "sentenças áureas", e ainda hoje são recitados no início dos banquetes e libações durante os sacrifícios comuns. Mas Hesíodo ficou acabrunhado por Homero estar passando um dia tão esplêndido. Ele partiu então para perguntas capciosas e de duplo sentido. Recitou uma série de versos que soavam insensatos e exigiu que Homero tirasse daí algo compreensível.

HESÍODO

Na refeição foi servida carne de boi e os pescoços
   fumegantes de cavalos...

HOMERO

Se livraram do jugo; se esgotaram no combate.

HESÍODO

Ninguém é mais zeloso a bordo que o preguiçoso
   Frígio...[192]

HOMERO

Quando chamamos os guerreiros à noite para comer, na
   praia.

HESÍODO

Ele era o mais valente na batalha e sempre com medo...

---

[192] Habitante da Frígia, reino localizado na Ásia Menor.

HOMERO

Ficava sua mãe que temia por ele; a guerra é dura para as
mulheres.

HESÍODO

Mas se banqueteavam dia e noite, sem, no entanto, nada
ter...

HOMERO

Trazido com eles, mas o anfitrião provia em abundância.

HESÍODO

Vigorosas eram suas mãos quando empunharam a torrente
de fogo incandescente...

HOMERO

Sem se importar com nada, amarraram os seus barcos e
puseram-no na água para extingui-la.

HESÍODO

Mas quando libaram e beberam até a última gota a maré
salgada...

HOMERO

Novamente prontos para partir a bordo de seus navios com
bancos...

HESÍODO

Agamêmnon imprecou, alto, aos deuses e a todos: nos
façam perecer...

HOMERO

Fora dos mares!

HESÍODO

Assim foi sua oração e recomeçou:
Refestelem-se, guerreiros, e não se preocupem: nenhum de
nós jamais irá
Alcançar a ansiada costa da terra natal...

HOMERO

Ferido e enfermo, são e salvos todos regressarão à casa!
Certeza que era isso o que você queria dizer, me passou a
bola de um jeito excepcional!

LEITOR

Mas Hesíodo não queria aceitar que Homero pudesse
continuar dominando o terreno e recomeçou.

HESÍODO

Então diga-me na forma de verso, ó prole de Meles:
Como os povos prosperariam e com que espírito?

HOMERO

Quando não tolerarem que um lucre em negócios que
causem a outros
Qualquer tipo de prejuízo. E quando premiam a Virtude
Ao invés do vício, quer dizer, quando fazem da virtude um
negócio lucrativo
E do vício uma empresa cheia de perigos e custosa.

HESÍODO

De modo que o interesse comum prevaleça sobre o
interesse particular, é isso que quer dizer?

HOMERO

Não, meu amigo, que tudo seja de tal modo organizado
pelo Estado
Para que o interesse particular seja também o interesse
comum.

HESÍODO

Então está defendendo o egoísmo, Cantor dos Deuses?

HOMERO

Que, sabendo onde está o seu bem, se queira bem o tempo
todo.

HESÍODO

Esse tipo de senso coletivo não traz pouco ou nenhum
bem?

HOMERO

Não, meu amigo, traz muito e o suficiente, quando é
assunto de todos, naturalmente.

HESÍODO

Mas não há ninguém em quem até você depositaria
confiança?

HOMERO

Sim, se o seu negócio, sem restrição, corresse o mesmo
risco.

HESÍODO

Qual seria o ápice da felicidade para os mortais?

HOMERO

Quando na vida há só um pouco de sofrimento e muita
alegria.

LEITOR

Quando essa rodada terminou, os gregos exigiram, una-
nimemente, que Homero fosse coroado vencedor. Mas o rei
Panedes ordenou que os dois aedos ainda recitassem a passagem mais bela de seus próprios poemas. Foi então que He-

síodo começou a recitar uma passagem de *O trabalho e os dias*:

HESÍODO

Quando as Plêiades, filhas de Atlas, se levantam,
Começa a colheita, e a lavra, quando mergulham!
Quarenta noites e quarenta dias se ocultam
De todos os olhares, para então, na ininterrupta passagem
  das estações do ano
Erguerem-se de novo nas alturas com o primeiro afiar do
  ferro.
Esse é o costume nas terras planas, e para os camponeses
  que habitam perto do Mar aberto, e para os que
  cultivam seu grão longe do mar revolto
Em solo fértil no sopé das montanhas.

LEITOR

Depois Homero recitou da *Ilíada*:

HOMERO

E eis que fileiras se cerram em torno dos dois Ájax,
Que nem o deus Ares encontraria mácula
Nem Palas, a que subleva os povos, pois os melhores
Foram escolhidos para enfrentar os Troianos e o divino
  Heitor.
Os que estavam cobertos uniam escudo com escudo e lança
  com lança
Mas broquel forçava broquel, homem a homem, elmo a
  elmo
As crinas fúlgidas dos elmos empenachados se tocavam
Ao menearem a cabeça: de tão perto que estavam os
  homens uns dos outros.
Sobre o campo de batalha, assassino de homens, se
  eriçaram
Às alturas as longas lanças, alçadas para estocar. Cegava

O olho o brilho brônzeo dos refulgentes elmos
Das couraças recém-lustradas e dos escudos cintilantes
Dos que se chocavam.

LEITOR

E Homero admirou os gregos uma vez mais, eles louvaram o primor de seus versos, e exigiram que fosse proclamado vitorioso. Só que o rei Panedes cingiu a coroa na cabeça de Hesíodo porque, esclareceu, seria apenas justo e equitativo que a vitória pertencesse ao homem que convocava ao trabalho nos campos e à paz, ao invés de descrever guerras e massacres.

APÊNDICE

Descrição do trabalho dos atores — Imagens

Alguns dos textos da seção "Descrição do trabalho dos atores" foram publicados com as fotos deste anexo em *Trabalho teatral* (Berliner Ensemble, *Theaterarbeit*, Dresden, VVV Dresdner Verlag, 1952). No livro original, a montagem entre ensaio, legenda e imagem visava esclarecer as questões abordadas. Foi com esse propósito que elas foram republicadas na presente edição de *Sobre a profissão do ator*. A maior parte das imagens aqui utilizadas foi atribuída, em *Trabalho teatral*, a Ruth Berlau, Walter Meier e Percy Paukschta. Com exceção das imagens das pp. 276b, 277c, 278f e 279, atribuídas a Photo-Kiel, Berlim.

Laura Brauer e Pedro Mantovani

Correspondência das imagens com os textos deste volume:
1) "Descrição da primeira representação de *A mãe*" (pp. 177-81) (fonte: Berliner Ensemble, *Theaterarbeit*, Dresden, VVV Dresdner Verlag, 1952, p. 333);
2) "A pedra começa a falar" (pp. 198-202) (fonte: *idem*, p. 245);
3) "A embriaguez de Puntila" (pp. 203-4) (fonte: *idem*, pp. 19 e 44);
4) "A concepção básica de Giehse [em *Vassa Geleznova*]" (pp. 205-6) (fonte: *idem*, p. 61);
5) "O minueto desobediente" (pp. 209-10) (fonte: *idem*, pp. 105-7);
6) "A concepção básica de Giehse [em *Pele de castor* e *Galo vermelho*]" (pp. 211-3) (fonte: *idem*, p. 214);
7) "Sobre *A mãe*" (pp. 214-8) (fonte: *idem*, pp. 123-5).

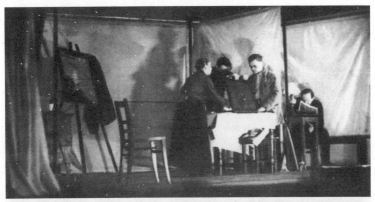

1) *A mãe*, de Bertolt Brecht.
Encenação de 1932 dirigida por Brecht em Berlim:
a) O regresso de Pavel; b) Na prisão; c) Propaganda contra a guerra.

2) *Mãe Coragem e seus filhos*, de Bertolt Brecht.
Encenação de 1951 dirigida por Brecht e Erich Engel, realizada
no Berliner Ensemble em Berlim: a e b) A morte da muda Kattrin
(Kattrin: Angelika Hurwicz/ Soldado 1: Willi Schwabe/
Soldado 2: Erich Franz/ Jovem camponês: Heinz Schubert/
Velho camponês: Friedrich Gnass).

3) *O senhor Puntila e seu criado Matti*, de Bertolt Brecht.
Encenação dirigida por Brecht e Erich Engel em 1949
no Berliner Ensemble em Berlim: a) Puntila dança entre garrafas
de Aquavit; b) Puntila e Matti sobre o monte Hatelma
(Puntila: Leońard Steckel/ Matti: Erwin Geschonneck).

4) *Vassa Geleznova*, de Maksim Górki.
Encenação de 1949 dirigida por Berthold Viertel,
realizada no Berliner Ensemble em Berlim:
a) A morte de Vassa (Vassa: Therese Giehse).

5) *O preceptor*, de Jakob Lenz.
Encenação dirigida por Brecht e Caspar Neher,
realizada em 1950 no Berliner Ensemble em Berlim (pp. 271-3):
a-j) O minueto desobediente (Läuffer: Hans Gaugler/
Majora: Annemarie Hase/ Leopold: Joseph Noerden).

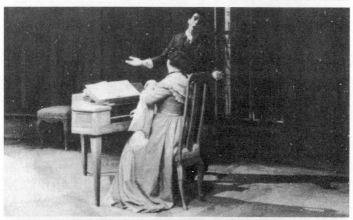
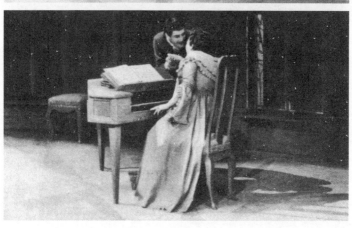

6) *Pele de castor* e *Galo vermelho*,
de Gerhart Hauptmann.
Encenação dirigida por Egon Monk, realizada
em 1951 no Berliner Ensemble (pp. 274-5):
a) A lavadeira ladra;

b) A fraudadora de seguros,
doze anos mais tarde
(Lavadeira e fraudadora: Therese Giehse).

7) *A mãe*, de Bertolt Brecht. Encenação dirigida pelo próprio autor, realizada pelo Berliner Ensemble em 1951, com estreia no Deutsches Theater (pp. 276-9):
a) Pelagea Vlassova proíbe seu filho de distribuir folhetos revolucionários;
b) Para evitar que ele se arrisque, ela mesma se encarrega dos folhetos;

c) Um trabalhador a adverte sobre as consequências da atividade revolucionária;
d) Ela recebe uma aula de economia política;

e) Ela participa da manifestação de Maio;
f) Depois da detenção de seu filho, Semion Lapkin a leva até o seu irmão, o professor, em Rostov;

g) Ela o leva a ensinar-lhe e aos seus iguais a ler
(Semion: Ernst Busch/ Mascha: Carola Braunbock/
Pelagea Vlassova: Helene Weigel/ Smilgin: Friedrich Gnass/
Professor: Gerhard Bienert).

Sobre o autor

Bertolt Brecht nasceu em Augsburg, sul da Alemanha, em 10 de fevereiro de 1898. Sua família pertencia à elite econômica da cidade. Em 1917, muda-se para Munique, onde se matricula no curso de Medicina, mas já no ano seguinte estreia como autor teatral com a peça *Baal*, além de escrever crítica nessa área. Seu primeiro filho, Frank, com a namorada Paula Banholzer, nasce em 1919. Nos anos 1920, Brecht participa de alguns dos mais importantes experimentos épicos de Erwin Piscator e colabora com trupes comunistas de teatro de agitação e propaganda. Sua peça *Tambores na noite* ganha o Prêmio Kleist em 1922. Do casamento com Marianne Zoff, nasce sua filha Hanne, em 1923. Na mesma época, conhece a atriz Helene Weigel, que se tornaria sua companheira de toda a vida e com quem teria dois filhos, Stephan (1924) e Barbara (1930). Na tentativa fracassada de golpe por Adolf Hitler, ainda em 1923, Brecht figura entre os primeiros de uma lista de pessoas a serem detidas. No ano seguinte, transfere-se para Berlim, onde trabalha no Deutsches Theater de Max Reinhardt até 1926. Nesse período, aproxima-se do marxismo em leituras de *O Capital* e *O Estado e a revolução*.

Sua *Ópera dos três vinténs* alcança grande sucesso de público e crítica em 1928. Casa-se com Helene Weigel no ano seguinte. Em 1930, escreve *A Santa Joana dos matadouros*, considerada uma de suas grandes peças. O roteiro de *Kuhle Wampe* (1931), dirigido por Slatan Dudow, é sua primeira colaboração na área do cinema. Aprofunda suas leituras marxistas a partir de 1932, assistindo a cursos de Karl Korsch. O incêndio do Parlamento alemão em 28 de fevereiro de 1933 assinala a tomada do poder pelo nazismo. Brecht foge de Berlim no dia seguinte e dá início a um périplo por vários países na condição de exilado: Tchecoslováquia, Áustria, Suíça, França, Dinamarca, Suécia, Finlândia, União Soviética e Estados Unidos. Entre 1932 e 1937, viaja e acompanha encenações de suas peças em Moscou, Paris e Nova York. Em 1941, estabelece-se com a família em Santa Mônica, Califórnia, onde colabora em roteiros para Hollywood e escreve, entre outras, as peças *A boa alma de Setsuan*, *A resistível ascensão de Arturo Ui* e *O círculo de giz caucasiano*.

Em 1947, após depor para o Comitê de Atividades Antiamericanas, embrião do macarthismo, Brecht decide voltar à Europa. Estabelece-se em Berlim Oriental em 1949, após ter sua permanência vetada na Alemanha Ocidental. Funda, com Helene Weigel, o Berliner Ensemble, grupo cujas montagens percorreriam o mundo e consagrariam Brecht como autor fundamental no teatro do século XX. Em 1953, após a repressão à revolta dos trabalhadores na Alemanha Oriental, faz críticas ao regime e manifesta suas reservas no conjunto de poemas *Elegias de Buckow*, cidade onde mantinha uma casa de campo. Falece em 14 de agosto de 1956.

Ao longo da vida, ligou-se por laços de amizade e colaboração artística a nomes como Caspar Neher, Lion Feuchtwanger, Elisabeth Hauptmann, George Grosz, Kurt Weill, Walter Benjamin, Karl Korsch, Paul Hindemith, Hans Eisler, Margarete Steffin, Ruth Berlau, Fritz Lang, Erwin Piscator, Charles Laughton e Eric Bentley.

Principais obras:
Baal (teatro, 1918)
Tambores na noite (teatro, 1919)
Na selva das cidades (teatro, 1923)
Homem é homem (teatro, 1925)
Manual de devoção de Bertolt Brecht (poesia, 1926)
Ópera dos três vinténs (teatro, 1928)
Voo sobre o oceano (teatro, 1928)
Peça de Baden-Baden sobre o acordo (teatro, 1929)
A decisão (teatro, 1930)
Ascensão e queda da cidade de Mahagonny (teatro, 1930)
A Santa Joana dos matadouros (teatro, 1930)
Histórias do sr. Keuner (ficção, 1930)
A exceção e a regra (teatro, 1930)
O que diz sim e o que diz não (teatro, 1930)
A mãe (teatro, 1931)
Os cabeças redondas e os cabeças pontudas (teatro, 1934)
Canções, poemas, coros (poesia, 1934)
Romance dos três vinténs (romance, 1934)
Os Horácios e os Curiáceos (teatro, 1934)
Os fuzis da senhora Carrar (teatro, 1937)
Vida de Galileu (teatro, 1938)
Dansen (teatro, 1939)
Quanto custa o ferro (teatro, 1939)
O interrogatório de Lúculo (teatro, 1939)
Mãe Coragem e seus filhos (teatro, 1939)
O senhor Puntila e seu criado Matti (teatro, 1940)

A boa alma de Setsuan (teatro, 1941)
A resistível ascensão de Arturo Ui (teatro, 1941)
As visões de Simone Machard (teatro, 1943)
Schweyk na Segunda Guerra Mundial (teatro, 1943)
O círculo de giz caucasiano (teatro, 1944)
Pequeno organon para o teatro (teoria dramática, 1948)
Os dias da Comuna (teatro, 1949)
Cem poemas (poesia, 1951)
Turandot ou o congresso dos alvejadores (teatro, 1953)
Tambores e trompetes (teatro, 1955)

Sobre o organizador

Werner Hecht (1926-2017) estudou com Hans Mayer e Ernst Bloch em Leipzig e escreveu sobre a trajetória de Bertolt Brecht em direção ao teatro épico. Em 1959, foi chamado por Helene Weigel para o setor de direção e dramaturgia do Berliner Ensemble, onde permaneceu até 1974, em grande medida se ocupando do contato com o público do teatro. Nos anos 1970 desliga-se do Berliner Ensemble e, a pedido de Weigel, inicia com Elisabeth Hauptmann o trabalho de edição dos escritos de Brecht, processo que culmina na publicação das obras completas do autor (*Große kommentierte Berliner und Frankfurter Ausgabe*), da qual foi um dos organizadores. Como pesquisador, publicou livros sobre o escritor alemão e Helene Weigel, e foi roteirista de diversos filmes, alguns deles sobre a vida e a obra de Brecht.

Sobre os tradutores

Laura Brauer é atriz, diretora e professora de interpretação. Especializou-se em Teatro Político. Estudou Teatro do Oprimido com Augusto Boal e a metodologia do trabalho do ator de Bertolt Brecht na Alemanha. Obteve bolsas da Secretaria de Cultura Argentina, do Goethe Institut e do International Theater Institut (ITI) para realizar pesquisas acerca do trabalho de direção e atuação de Brecht em Berlim. Nessa cidade, participou de cursos de atuação e direção na Escola Ernst Busch e realizou experiências com teatro documentário no Berliner Festspiele. Realizou diversos trabalhos teatrais vinculados a estas propostas no Brasil, no Uruguai, na Alemanha, em Portugal, na Inglaterra e na Argentina, em instituições como presídios, escolas, organizações sociais e teatros.

Pedro Mantovani é professor, pesquisador, diretor de teatro e tradutor. Formado em filosofia e artes cênicas, realizou mestrado e doutorado sobre *O declínio do egoísta Johann Fatzer*, traduzindo essa peça inacabada de Bertolt Brecht, no Departamento de Filosofia da FFLCH-USP. Realizou pesquisa teórica no arquivo Brecht em Berlim. Desde os anos 2000, participou de diversos experimentos épicos com coletivos teatrais da cidade de São Paulo. Realizou trabalhos de investigação cênica prática na Argentina e no México. Deu aulas teóricas e práticas na Escola Livre de Teatro de Santo André, entre outras instituições.

ESTE LIVRO FOI COMPOSTO EM SABON,
PELA FRANCIOSI & MALTA, COM CTP
E IMPRESSÃO DA EDIÇÕES LOYOLA EM
PAPEL PÓLEN NATURAL 80 G/M² DA CIA.
SUZANO DE PAPEL E CELULOSE PARA A
EDITORA 34, EM JUNHO DE 2022.